Katinka Buddenkotte

Früher war wenigstens Sendeschluss

Film und Fernsehen für Fortgeschrittene

Verlagsgruppe Random House FSC® N001967

1. Auflage 2017
Copyright © 2017 beim Penguin Verlag
in der Verlagsgruppe Random House GmbH,
Neumarkter Straße 28, 81673 München
Umschlag: Cornelia Niere
Umschlagmotiv: Roland Werner (Illustration); Shutterstock/Iko
Satz: Fotosatz Amann, Memmingen
Druck und Bindung: GGP Media GmbH, Pößneck
Printed in Germany
ISBN 978-3-328-10095-9
www.penguin-verlag.de

Dieses Buch ist auch als E-Book erhältlich.

*Für alle, die auch keine viereckigen Augen
bekommen haben.*

Zumindest bisher.

Inhalt

Alles nur Show

Zunächst möchte ich meiner Schwester danken, für ihre großartige Performance als Erstgeborene. Sie überzeugte meine Eltern durch grundsätzliche Niedlichkeit, einfache Handhabung und ein erfreulich hohes Schlafbedürfnis. Hätte ich ihren Part übernommen, wäre ich wohl Einzelkind geblieben. Denn auch die risikofreudigsten Produzenten würden niemals ein Sequel von einem Film herausbringen, der bei den Zuschauern floppte. Bei mir waren von vornherein Drehbuchschwächen zu erkennen: Die Geburt dramatisch, aber zu langwierig, das Ergebnis erstaunlich verschrumpelt und ein wenig gruselig. Das breite Publikum konnte sich kaum mit dem ewig schreienden, aber niemals blinzelnden Kind identifizieren, selbst die nähere Verwandtschaft fand keinen rechten Zugang zu mir.

Außerdem entwickelte sich mein Charakter nicht logisch. Bevor ich laufen konnte, sprach ich in ganzen Sätzen, mein Favorit war: »Trag mich nach Hause.« Zu Hause fand ich toll, Ausflüge wusste ich nicht wirklich zu würdigen. Gingen wir in den Zoo und wurden später gefragt, welche Tiere wir gesehen hätten, berichtete meine Schwester artig von Affen, Elefanten und Geparden und imitierte die entsprechenden Geräusche. Ich gab zu Protokoll: »Spatzen. Die machen flap-flap-flap.« Euphemistisch konnte man behaupten, dass ich konzentriert, detail-versessen und kleintierlieb war. Meine Mutter machte sich das zunutze, indem sie mich beim Wäscheaufhängen an der Mülltonne parkte, wo ich meine Zeit mit den dort ansässigen Ohrenkneifern verbrachte. Über Monate liebte ich es offenbar, einfach nur still dazuliegen und die Insek-ten über mich krabbeln zu lassen. Aber eines Tages schrie ein Nachbarskind: »Igitt, das sieht aus, als wärst du tot!« Da schrie und heulte ich bitterlich, da ich nicht »Igitt« sein wollte.

Vom Tod hatte ich noch kein richtiges Konzept, aber da unser Hund mittlerweile recht klapprig wurde, sahen meine Eltern dieses Ereignis als willkommenen Anlass, um uns behutsam an das Thema heranzuführen. »Also, die Oma ist ja auch schon alt ...« Eine klassische, aber eben auch fehleranfällige Eröffnung. »Wie alt ist Oma denn?«, fragte meine Schwester. »Oh, äh, über siebzig«, schätzte meine Mutter. »Und wie alt ist der Hund?« »Elf-einhalb«, wusste mein Vater aus dem Kopf. Meine Schwester und ich atmeten erleichtert auf. Unser Hund hatte also noch gute sechzig Jahre vor sich, er würde leben, bis wir selbst Eltern wären. Schon fingen wir an, darüber zu streiten, bei wem von uns er dann wohnen würde: in meinem Baumhaus oder auf der Pferderanch meiner Schwester. Ob meine Eltern sich an das Stichwort »Pferd« klammerten oder ob sie einfach wie immer den Fernseher anschalteten, wenn es unübersichtlich wurde, bleibt für ewig ungeklärt. Auf jeden Fall lief dort gerade *Western von gestern*. Das ideale Format, wenn man seiner Brut veranschaulichen will, wie die Welt funktioniert: Der Held hat immer einen schlauen Spruch auf den Lippen, die Farmerstochter ist auch in Schwarz-Weiß wunderschön, und wer beim Kartenspielen schummelt, wird direkt erschossen. Leider wollten unsere Eltern trotzdem an dem Thema »Tod von Tieren« festhalten und starteten einen zweiten Versuch: »Guckt mal, die Pferde, die rennen ja sehr schnell. Deswegen sterben die auch schneller und …« Meine Schwester fing wie auf Knopfdruck an zu heulen, und ich sagte: »So schnell rennen die in echt gar nicht. Das ist nur Film. Die spulen das einfach schneller ab.« Aus irgendeinem Grund wichen meine Eltern in diesem Moment von ihrem pädagogischen Tagesziel ab. Das hätte ich wahrscheinlich auch getan, wenn ich festgestellt hätte, dass meine sechsjährige Tochter nicht verstehen konnte, dass man ruhig ab und an Gemüse essen konnte, aber das komplexe System »Fernsehen« offenbar in all seinen Einzelheiten durchschaut hatte. Fasziniert folgten sie meinen Ausführungen: »Der Cowboy von eben ist auch nicht wirklich kaputt. Der bleibt da nur liegen, weil er ein guter Schauspieler ist. Er wäre ein schlechter Schauspieler, wenn er nicht still liegen würde. Wenn die das fertig gefilmt haben, steht der auf und geht nach Hause. Nee, vorher zieht der sich um. Der ist ja nur im Film Cowboy.«

Meine Schwester heulte immer noch oder schon wieder, weil auf dem Bildschirm gerade ein Pferd hingefallen war. »Das ist ein Schauspieler-Pferd«, versuchte ich erneut zu erklären, »das steht gleich auf und geht dann auch nach Hause.« Meine Schwester beruhigte sich einigermaßen, meine Eltern strahlten. Oft waren sie dafür kritisiert worden, dass bei uns zu Hause angeblich zu oft die Flimmerkiste angeschaltet war. Unsere Nachbarin zur Linken behauptete sogar, dass ihre Töchter überhaupt nie fernsehen würden, weil sie es auch gar nicht wollten. Aber die durften ja auch keinen Zucker essen, weil sie den angeblich nicht mochten. Beim letzten Geburtstag meiner Schwester hatte man die Ältere der beiden aber nach stundenlanger Suche in einem Busch versteckt gefunden, wo sie munter die Reste des ebenfalls verschollenen Kuchens verdrückte. Genauer gesagt war es meine Mutter gewesen, die einfach der Krümelspur gefolgt war und das schokoverschmierte Kind triumphierend lächelnd zu ihren Eltern zurückgebracht hatte. Seitdem mischte sich kein Außenstehender mehr in unsere Erziehung ein. Und unsere Eltern hatten die Zügel noch lockerer gelassen, sprich sich von »Zähneputzen-Sesamstraße-Abmarsch-ins-Bett« zu »Nur-am-Wochenende-vormittags-und-vor-der-Tagesschau-ist-wirklich-Schluss« weiterentwickelt. An diesem Nachmittag kriegten sie die fällige Bestätigung: Sie hatten instinktiv alles richtig gemacht, zumindest bis jetzt, und in Bezug auf mich. Bei meiner Schwester gab es selbstverständlich noch Nachholbedarf: »Wie wird ein Pferd ein Schauspielpferd?«, fragte sie. Bevor sich jemand anders auf diesem Spezialgebiet verlaufen konnte, hatte ich natürlich schon eine Antwort parat: »Wahrscheinlich hat es das im Theater gelernt. Da lernen Hunde Klavier spielen und Bären, wie man Hüte trägt. Und manchmal kommt Elton John und singt mit Krokodilen.« Die Begeisterung meiner Eltern wich zunächst einer gewissen Ratlosigkeit, aber als Fan der ersten Stunde konnte mein Vater schließlich meinen Gedankensprüngen folgen: »Katinka, redest du über die Muppetshow?« Selbst als Erstklässlerin wusste ich schon, was eine rhetorische Frage war: »Wovon denn sonst? Da will ich auch hin, wenn ich groß bin.«

Da bemerkte ich zum ersten Mal diesen besonderen Ausdruck im Gesicht meiner Mutter. Sie präsentiert ihn nur bei besonderen Gelegenheiten. In späteren Jahren etwa, als sie mein erstes WG-Zimmer betrat, meinen zweiten Freund kennenlernte und als ich zum dritten Mal wieder in mein Elternhaus zog. Er besteht zu je 30 Prozent aus Zweifeln an mir, ihrer selbst und der gesamten Menschheit. Der Rest ist eine dumpfe Ahnung, dass ich ihr einen extrem geschmacklosen Witz aufgetischt habe. Und immer wenn sie dieses Gesicht zieht, entsteht eine neue Falte auf ihrer Stirn, die auf ewig dort zurückbleibt. Und da sie in diesen Momenten zu sehr damit beschäftigt ist, sich daran zu erinnern, dass sie Nichtraucherin ist, überließ sie es auch an diesem Tag meinem Vater, das Verhör zu beginnen: »Du weißt schon, dass die Muppets keine echten Tiere sind, oder?«

Ich nickte eifrig: »Klar, sie sind Muppets. Im echten Leben verlieben sich Schweine ja gar nicht in Frösche.«

»Richtig«, griff mein Vater den Faden dankbar auf, und ich spann ihn sogleich weiter: »Aber das ist ja sowieso nur gespielt. Wegen der Show. Die wissen ja, wenn die Kameras laufen. Und wenn der Vorhang fällt, gehen Kermit und Miss Piggy nach Hause. Jeder in seins.«

Ich glaube, mein Vater mochte den Gedanken irgendwie, und meine Mutter versuchte erneut, die Dinge zu ordnen: »Also, das Schwein geht in den Stall und der Frosch in den Tümpel?«

Erstaunlicherweise klinkte sich meine Schwester an dieser Stelle wieder ins Gespräch ein: »Nee, die sind doch keine echten Tiere. Die leben in schicken Wohnungen, in New York.«

»Genau«, bestätigte ich.

Wahrscheinlich ist jede glückliche Familie auf ihre eigene Weise bekloppt. Denn ich glaube nicht, dass je andere Eltern bei dem Versuch, die Vergänglichkeit alles Irdischen zu erläutern, eine halbe Stunde später die Frage stellten: »Glaubt ihr tatsächlich, dass irgendein Schwein so viel Geld beim Theater verdient, dass es sich die Mieten in New York leisten kann?«

So lernten meine Schwester und ich früh: Wenn die Erwachsenen durchdrehten, mussten wir uns eben wie halbwegs normale Kinder verhalten: »Keine Ahnung, das kam in der Schule noch nicht dran«, maulte ich, meine Schwester entspannte die Lage durch den Einwurf: »Können wir jetzt ein Eis haben?«

Wir konnten nicht, aber es war einen Versuch wert gewesen. Dafür konnten unsere Eltern uns nicht die ganze Wahrheit erzählen, obwohl sie es bestimmt versucht haben. Aber sie brachten es einfach nicht übers Herz, uns grauenvolle Dinge über Menschen zu erzählen, die mit ihren Händen leblose Puppenhüllen bewegten, die danach in irgendwelchen Lagerhallen aufbewahrt wurden. Keiner von uns erwähnte je wieder die Theorie, dass Schauspieler in den Muppets stecken könnten. Die Muppets waren Schauspieler. Sehr gute sogar. Sie waren nicht reich, aber sie schmissen den Laden. Menschen waren als Gäste zugelassen, und deren Auftritte bewerteten wir weiterhin kritisch: »Ist der Mann böse?«, wollte ich einmal von meiner Mutter wissen, und sie sagte: »Nein, das ist Johnny Cash. Der ist nicht böse, der guckt nur immer so.«

»Ich finde, der könnte ruhig mal lächeln. Fozzy hat schon seine besten Witze erzählt.«

14

»Ja, da hast du recht. So ein armer Bär hat ja auch Gefühle.«

»Wenn ich mal zu den Muppets eingeladen werde, bin ich zu allen nett. Auch zu denen, vor denen ich Angst habe.«

»Guter Plan, Katinka.«

Bei uns zu Hause war die Realität immer relativ. Vielleicht weil wir alle ein wenig fernsehsüchtig waren, vielleicht weil wir wussten: Die meisten Träume platzen schon von alleine, wenn es an der Zeit ist. So hielt unser Hund noch stolze sechs Jahre durch, bevor er zu seinem letzten Gassi-Gang aufbrach. Zwar trauerten wir um ihn, waren aber inzwischen durch *E.T.* darauf vorbereitet worden, dass man sich irgendwann von jedem geliebten Wesen verabschieden musste. Erst recht wenn es nur noch vor sich hin röchelte.

Andere Träume werden wahr, wenn man am wenigsten damit rechnet. So erfolgte einer meiner ersten Auftritte direkt vor ganz großem Publikum, und ich war so aufgeregt, dass ich im Foyer des Theaters schnappatmete. Meine Mutter versuchte, mich mit den üblichen Sprüchen zu beruhigen: »Du kriegst das hin. Das klappt schon. Jetzt gilt es. Sei kein Frosch, sondern ...«

»Ein Schwein?«, schlug ich vor.

Meine Mutter machte einen Gegenvorschlag: »Eine Rampensau! Also, raus mit dir und: Applaus, Applaus, Applaus!«

Sie klatschte in die Hände wie eine übergeschnappte Puppe, die in einem Menschenkostüm steckte. Das ist nicht so ihre Art, sondern eher meine. Und während ich noch dachte, sie würde einen ziemlich schlechten Scherz machen, erkannte ich: Meine Mutter veranstaltete dieses Tänzchen nur, um meine Nervosität auf sich zu nehmen.

Erstaunlicherweise funktionierte das. Dafür entdeckte ich am Ende des Abends eine ihrer Sorgenfalten auf meiner Stirn. Offenbar ist meine Familie noch merkwürdiger als gedacht. Selbst die Sache mit der Genetik ist das reine Chaos bei uns. Gut, dass die Mieten in New York so unerschwinglich sind. Sonst wären wir zusammen verrückt genug, um dort ein Theater zu eröffnen.

Spiel's nicht noch einmal, Sam!

Es ist vollkommen lächerlich, Menschen danach beurteilen zu wollen, welche Bücher sie im Regal stehen haben. Denn auch die besten Werke könnten nur dazu dienen, Stockflecken auf der Tapete zu verstecken. Oder den Schund, der in zweiter Reihe steht. Und so tief will und darf man ja gar nicht graben, wenn man erstmalig bei einem neuen Bekannten zu Besuch ist. Die Spielregeln unserer Gesellschaft sind eben merkwürdig: Es ist vollkommen akzeptabel, einen Fremden nach einer durchzechten Nacht noch auf einen Kaffee nach oben zu bitten, und niemand erwartet, dass er das versprochene Heißgetränk tatsächlich serviert bekommt, zumindest nicht zeitnah. Stattdessen besteht ein stilles Einverständnis darüber, dass man sich ohne Umschweife zu einem weniger stillen Zweiverständnis in den Laken suhlt. Durchwühlt man hingegen direkt nach Eintritt in die Wohnung das Bücherregal der neuen Bekanntschaft, gilt man als auffällig. Da kann man noch so süßlich säuseln: »Ich wollte halt deine Seele entdecken, bevor ich mich über deinen Körper hermache.«

Nicht nur deswegen gibt es Filme. Wenn man herausfindet, welcher der Lieblingsfilm einer Person ist, weiß man, ob es sich überhaupt lohnt, mit dieser Person zu irgendeiner Tageszeit tatsächlich mal einen Kaffee zu trinken. Natürlich sollte man dabei bedenken, dass direkte Fragen oft ehrliche Antworten provozieren. Wenn eine Frau also einem Mann die Pistole auf die Brust setzt, indem sie fragt: »Bester Film aller Zeiten, deiner Meinung nach?«, dann darf sie sich nicht über das Gegenfeuer wundern: »*Rambo*, die ersten drei Teile, der vierte war mir zu verkopft.« Daher empfehle ich, gerade beim ersten Kennenlernen, unauffällig ein Filmzitat in die Unterhaltung zu streuen und die Reaktion darauf genau zu beobachten. Hier gilt: nicht zu abgeschmackt, selbst wenn der eigene Lieblingsfilm *Casablanca* sein sollte. Viele Männer fühlen sich verunsichert, wenn man ihnen »Ich schau dir in die Augen, Kleines« zuraunt. Da hilft es auch nicht, wenn man sich als Kennerin des Originaldrehbuchs hervortun will und den Gesprächspartner wissen lässt: »Here's looking at you, kid.« Viel wirkungsvoller ist es, Zeilen aus dem Drehbuch spontan in die äußeren Geschehnisse einzuarbeiten. Lässt der Barkeeper zum Beispiel verlauten: »So, ich mache den Laden jetzt dicht, alle raus!«, und der mögliche Kandidat beantwortet diese Nachricht mit einem melancholischem Seufzen, so tröstet man idealerweise mit: »Uns bleibt immer noch Paris.« Dann wird es spannend. Wenn das Objekt der Begierde daraufhin irritiert wirkt, sich die Augen reibt und fragt: »Hä? Wann waren wir zwei denn in Paris? Du verwechselst mich, Mädchen. Oder ich dich«, dann sollte man besser nicht mit diesem Typen nach Hause fahren. Denn er lebt entweder noch bei seiner Mutter oder zusammen mit seinen Betreuern. Wenn der Mann hingegen lächelt und »Ich glaube, das ist der Beginn einer wunderbaren Freundschaft« murmelt, kann man davon ausgehen, dass er zu seinem Wort steht. Allerdings wird sich auch die weitere Abendgestaltung eher unaufgeregt entwickeln. Immerhin hat man auf diese Weise jemanden gefunden, der immer Kaffee dahat, egal wann man bei ihm auftaucht. Ein Kerl, der dem Barkeeper hingegen einen Zwanziger zusteckt und von diesem fordert: »Spiel's noch einmal Sam!«, hat Stil. Um nicht zu sagen: eine gewisse Routine, was das Abschleppen von Frauen angeht, die übersichtliche Bedürfnisse haben. Wer aber mehr vom Leben will und nicht auf elende Machos steht, sollte den eigenen Filmgeschmack infrage stellen: *Casablanca* ist ein Klassiker, klar. Aber der einzige Hoffnungsschimmer, der im gesamten Film erstrahlt, ist der Moment, in dem sämtliche Gäste der Bar in die *Marseillaise* einstimmen. Der Rest ist Wehmut und Wermut. Am Ende opfert Rick seine Liebe für die gute Sache, und obwohl Victor László ein noch besserer Mann ist, hasst man ihn. Das ist kein Material, um die zarten Knospen einer frischen Romanze sprießen zu lassen.

Natürlich sollte auch niemand so verzweifelt wirken, wie er wirklich ist. Weder Männlein noch Weiblein mögen sich dazu hinreißen lassen, mit einer Perserkatze im Arm eine schummrige Gaststätte aufzusuchen und eine wildfremde Person mit den Worten zu begrüßen: »Ich will Ihnen ein Angebot machen, das Sie nicht ablehnen können.« Und wer doch wider besseres Wissen oder mangels anderer Angebote darauf einsteigen sollte, darf sich nicht wundern, wenn er am nächsten Morgen mit einem Pferdeschädel aufwacht. Wer nur ein Abenteuer sucht, sollte dieses leichtfüßig angehen. Wenn man sich schon in einer Hafenkneipe herumtreibt und jemanden erspäht, der auch nur ein kleines bisschen wie Captain Jack Sparrow aussieht, kann man auch direkt zackig vorstellig werden: »Sie sind der schlechteste Pirat, von dem ich je gehört habe!« Und sollte der Angesprochene nicht antworten: »Aber Sie haben von mir gehört!«, dann ist er zwar äußerlich Johnny, aber innerlich ein Depp. Ob man mit dem noch das Schiff zum Schaukeln bringen will oder lieber direkt die Segel streicht, bleibt Geschmackssache.

Männern, die versuchen, auf cineastische Art das Herz einer Dame zu erobern, möchte ich Folgendes raten: Lasst es. Denn sobald ihr euren Auftritt daheim vor dem Spiegel probt, setzt da ein verhängnisvoller Reflex ein. Ihr könnt gar nicht anders, als euer gespiegeltes Ich zu fragen: »Laberst du mich an? Redest du mit mir?« Dabei ist es völlig egal, ob *Taxi Driver* zu euren Lieblingsfilmen zählt oder nicht. Sobald ein Mann ohne Not zur Rasur vor dem Spiegel steht, hält er sich für Robert de Niro. Das ist weder zu ändern noch besonders schlimm. In einer gereiften Beziehung kann dieses Verhalten sogar ganz niedlich auf die Partnerin wirken, aber direkt vor einer Verabredung noch den Psychopathen einzuüben ist kontraproduktiv. Generell sollte ein Mann sich sämtliche Mafiafilme aus dem Hirn sieben, bevor er unter Leute geht. Wer sich einer Frau mit den Worten »Sag Hallo zu meinem kleinen Freund« nähert, macht sich ohne Handfeuerwaffe im Anschlag lächerlich, mit strafbar. Vielleicht verdeutlicht dieses Beispiel, dass Gentlemenqualitäten wieder hoch im Kurs stehen. Lassen Sie der Dame den Vortritt bei der Eroberung auf cineastische Art und konzentrieren Sie sich auf Ihr Stichwort. Falls der Flirt in eine Ehe münden sollte, kann dieses Prinzip nicht nur nützlich, sondern überlebenswichtig sein.

Denn grundsätzlich gilt: Wenn eine Frau nach echter, tiefer Liebe sucht, gar im Getümmel nach ihrem Seelenpartner fahndet, dann wird sie nicht zuvor ihr Hirn nach ihrem Lieblingsfilm durchforsten. Nein, der Film wird sie finden. Und wenn der große Regisseur da oben das Set richtig eingerichtet hat, steht sie auch noch gar nicht stocktrunken und bedürftig am Tresen, sondern saugt noch neugierig das bunte Treiben um sich herum auf. Vielleicht klopft sie sich gerade selbst innerlich auf die Schulter, dass sie sich aus dem Internet in die echte Welt hinausgetraut hat. Und da es das richtige Leben ist, können Sie, als Mann, der Dame auch eine ganz normale Frage stellen, nämlich: »Was treibst du denn hier?« Sollte sich die Frau nun irgendwie ertappt fühlen, kann es passieren, dass sie folgende Information von sich gibt: »Ich habe eine Wassermelone getragen.«

Männer, die Frau ist weder Obsthändlerin noch verrückt. Es ist ein Test. Und Sie können ihn bestehen.

Denn jeder Mann, der diesen Satz versteht, ist ein guter: Er hat *Dirty Dancing* gesehen und überlebt. Es ist diese Art von körperlicher und mentaler Überwindungskraft, die Frauen zu schätzen wissen. Mit einem Kerl, der neunzig Minuten Höllenqualen im Kinosessel ausgehalten hat, mit dem will die richtige Frau noch ganz andere Sachen anstellen. Jedem Mann, der es bis an diesen Punkt geschafft hat, möchte ich nur noch eins ans Herz legen: Jetzt nicht durchdrehen, es sei denn, Sie kommen vom Ballett! Tanzen Sie jetzt nur, wenn Sie es zuvor schon einmal geübt haben. Keine Hebefiguren beim ersten Date! Und vielleicht warten Sie länger als neunzig Minuten, bevor Sie die ganze Welt wissen lassen: »Mein Baby gehört zu mir.«

Auf sie mit Betäubungspfeilen

Ich bin nicht stolz drauf, aber mittlerweile verstehe ich bei fast allen Fernsehsendungen, was sie mir eigentlich sagen wollen. Bei Reality-Dokus, in denen Laiendarsteller ihre Problemzonen (erstaunliche Tätowierungen an noch erstaunlicheren Stellen, noch ungemachte Brüste und so weiter) ins Rampenlicht rücken, lautet die Botschaft ans Publikum stets: »Lernt was Vernünftiges, sonst landet auch ihr hier. Obacht, unsere Häscher lauern überall!« Mit *Wetten dass?* wollte man uns zumindest in der Endphase verdeutlichen, dass jemand zwar auf den ersten Blick komplett verrückt wirken mag, aber schnell wurde klar, dass sich jeder vernünftige Mensch lieber von einer Dampf-ramme die Achseln rasieren lässt und dabei *La Paloma* pfeift, als sich noch eine Minute länger mit dem Moderator zu unterhalten. Herrje, ich verstehe sogar, warum jemand seine Frau tauschen will und enttäuscht ist, wenn die alte dann doch wieder zurückkommt. Ich weiß, dass nicht alle gestrandeten Schauspieler/Dekoweibchen bei »Let's Dance« mithampeln können und deswegen »Die fünfzig buckeligsten Feldwege NRWs« kommentieren müssen, wir sind halt immer noch in der Wirtschaftskrise. Da müssen wir zusammenrücken und auf der Galeere dauerschunkeln mit Florian Silberhochzeit und immer auf der Eins und der Drei klatschen. Ist halt nicht mehr alles *Traumschiff* heute.

Aber es gibt eine Art von Sendung, die überhaupt nicht in dieses Durchhalte-Konzept passt. Im Gegenteil, hier wird der Retro-Trend so stringent abgefeiert, dass ich mich bei jeder Sichtung wieder frage: »Meinen die das ernst?« Falls nicht, dann aber die Zuschauer, denn seit mehr als zehn Jahren wird auf jedem dritten Programm des deutschen Fernsehens werktäglich mindestens eine Dokumentation über Zootiere ausgestrahlt. Und geschaut.

Die Freude daran, eingepferchte Tiere zu sehen, scheint ungebrochen, Knut hin oder Knut ... dahingeschieden. Dabei bekommt man die Viecher oft gar nicht besser oder gar häufiger zu sehen, als wenn man tatsächlich in den Zoo gehen würde. Im Gegenteil. Dank raffinierter Ausleuchtung scheint das Dromedar noch dösiger zu dösen, die Wisente wirken noch steifbeiniger, die Leoparden gähnen gelangweilter, untermalt von einer Panflötenmusik, bei der selbst Lamas flüchten. Manchmal sieht man auch nur eine Kiste, vor der ein grün beschürzter Pfleger steht und dem geneigten Fernsehpublikum mitteilt: »Da muss der Rudi jetzt rein. Aber da warten wir noch, ob der von alleine geht.« Und während man noch hofft zu sehen, was Rudi denn wohl für ein Tier ist, ob er von alleine reingeht und was nach dem Warten geschehen mag, gibt es einen Schnitt. Und es ertönt: die Stimme. Der Mann, der seit Jahren für alle Zoo-Dokus herhalten muss und deshalb entweder schon sehr, sehr zungenlahm ist oder, was ich befürchte, irgendwann in grauer Vorzeit alle erdenklichen Tiere und deren mögliche Aktivitäten auf Vorrat eingesprochen hat. Und aus diesem Grund klingt der Off-Kommentar seit Jahren verhackt und zusammengeschnitten: »Und ... was macht ... der Kakadu? Er hüpft und ahnt ... nichts Böses.« Ja, ein Riesencliffhanger, der unvoreingenommene Neuzuschauer fürchtet dräuendes Unheil, und tatsächlich: »Pflegerin Birgit ... naht ... mit frischen Zweigen. Ob er die ... mal anknabbert, der Ka... kadu?«

Leute, das kann es doch nicht sein. Da ist es ja kein Wunder, wenn das *Dschungelcamp* den Grimme-Preis abräumt, wenn das die öffentlich-rechtliche Konkurrenz ist. Wo, um Gottes willen, liegt der Reiz darin, sich dieses Elend anzuschauen? Ist es Pflegerin Birgit? Igitt, nein. Sie kann ihr strubbeliges Äußeres kaum mit Charme wettmachen, außerdem wirkt sie leicht beeinflussbar, wenn man sie so reden hört: »Ja, ich gebe jetzt dem Shamou, unserem Kakadu, frische Zweige. Gucken wir mal, ob er die anknabbert.« Und ob der knabbert, der Shamou. Das findet auch Pflegerin Birgit: »Ja, die knabbert er an. Das ist ein ganz natürliches Verhalten und auch wichtig, damit der Schnabel abgewetzt wird.« Shamou macht eine Kniebeuge und kackt. Birgit wird daraufhin emotional, ihr nächster Satz erscheint fast spontan dem Drehbuch hinzugefügt: »Eieiei, Digger, was haste denn da gemacht?« Shamou hält ein Schild hoch, auf dem steht: »Erschießt mich, bitte!« Nein, leider nicht, stattdessen gibt es einen erneuten Schnitt, zurück zu Rudis Kiste. »Rudi lässt sich Zeit«, sagt der Sprecher, wobei er sich Zeit lässt.

Aber jetzt, jetzt kommt Leben in die Bude. Der Tierarzt wird geholt, ein Männlein mit schlauer Brille, flankiert von groben Burschen, die den Pflegern aus *Einer flog übers Kuckucksnest* nicht unähnlich sehen, was ja mal die einzig wahre Zoosendung war. Medizinmann Schlaue Brille spricht in die Kamera: »So, wir werden den Rudi jetzt betäuben. Da muss man vorsichtig sein, damit man richtig trifft.« Wütendes Gestampfe aus dem Off ertönt, ein Fauchen. Ist Rudi ein Drache? Die Spannung steigt ins Unermessliche, die Pfleger schwitzen, der Tierarzt mahnt an: »Schön wäre es, wenn der Rudi direkt auf seine Decke fällt, dann können wir ihn in die Kiste hineinziehen.« Ob Rudi schön aufs Deckchen fällt?

Wir werden es erfahren, gleich nachdem wir einen kurzen Abstecher zu den Makaken gemacht haben. Da gibt es ein Junges, wie süüüß. Aber die Mutter versteckt es in der Höhle, wie – schaaaade. Pfleger Michi tröstet: »Is halt normal, ne.« Schnitt auf Affendame Luzie. Dumpf scheint sie darüber nachzubrüten, ob sie nicht irgendwo im Käfig eine Babyklappe gesehen hat, aber dann überrascht der Pfleger Micha mit einem Gleichnis: »Das ist ja menschlich, dass man sein Kind in der Höhle versteckt.« Gerade will ich den Sender anrufen, um mal einen heißen Tipp abzugeben, anonym, dass man vielleicht mal eine Mini-Volkszählung bei Pfleger Micha daheim durchführen könnte, aber da geht es wieder zu Rudi, dem, wie sich jetzt rausstellt, temperamentvollen südamerikanischen Ameisenbären. Also, relativ temperamentvoll. Close-up auf ein Blasrohr, es macht einmal »Pffkk«, Pfeil landet in Rudis Hintern. Rudi guckt, was war, und sinkt noch im selben Moment danieder – neben sein Deckchen. »Scheißdreck, verdammter«, flucht der Doktor. Hätte man ihm gar nicht zugetraut. Er relativiert sofort: »Ja, jetzt müssen wir ihn erst auf die Decke wuchten, und so ein ausgewachsenes Tier, das wiegt gut und gern seine 240 Kilo, das ist jetzt auch ein Männchen, und die haben schon ihren ganz eigenen Geruch …«

Und als ich diese Männer so schwitzen und fluchen sehe, wie sie versuchen, einen bockigen Ameisenbärenhengst auf eine filzige Decke zu ziehen, und die harzigen, stinkigen Borsten des Tieres ihre Hände mit einem nicht abwaschbaren Film benetzen, man die Flöhe von Vierbeiner zu Zweibeiner springen sieht, da ahne ich plötzlich, was den Erfolg dieser Sendungen ausmachen könnte. Es sind nicht die doofen Tiere, sondern die doofen Menschen, die im Dreck wühlen müssen, der von einem Tier produziert wurde, welches sie weder töten noch essen dürfen, weil es selten ist und sie im Fernsehen sind. Ärzte, die minutenlang hochgestochen vor sich hin schwafeln, dann aber die Maske blitzschnell fallen lassen, wenn der Tiger plötzlich blinzelt oder der Seehund sie mal richtig abklatscht. Man darf diese Sendungen einfach nicht als Nachmittags-Berieselung sehen oder auch nur als in sich abgeschlossene Folge. Man muss an *Panther, Nashorn, Giraffe & Co* herangehen wie an eine mit Millionen-Budget produzierte Science-Fiction-Mystic-Zombie-HBO-Serie, die einen Emmy nach dem anderen einheimst, aufgrund des ungewohnten Settings und der offensichtlichen Gesellschaftskritik. Da denke ich ja bei jeder ersten Folge auch zunächst:

»Och, ne, wie ungewöhnlich: Flugzeugabsturz auf einsamer Insel, oje, was werden sie essen, wer wird mit wem in den Büschen landen und wer das Floß basteln?« beziehungsweise: »Ah, ein Chemielehrer kocht Drogen. Wenn er nicht ganz blöd ist, wird er sie wohl auch verticken, sonst kriegste damit keine sechs Staffeln voll«. Ja, bis zu einem gewissen Grad ist doch alles sehr vorhersehbar, aber schon nach der zweiten Folge stellt sich bei mir der nachgefragte subtile Grusel ein, nach der dritten werde ich meist süchtig von diesem Quatsch. Und der Stoff wird mir langsam knapp, ich habe fast alles weggeguckt, auch das Internet habe ich fast leer gesaugt. Jetzt bleibt mir noch Rudi, der Ameisenbär: Tut der nur so, als würde er schlafen? Arbeitet der nicht vielleicht mit Shamou zusammen, der mittlerweile Pflegerin Birgit in die Voliere gelockt hat, für einen Geiselaustausch in Staffel 3? Wer glaubt denn bitte ernsthaft, Affendame Luzie verstecke da ein *Jungtier*? Die Revolution ist gewiss, so viel steht fest. Gebannt sitze ich vor dem Fernseher und erinnere mich an das, was mich *Twin Peaks* gelehrt hat: »Die Eulen sind nicht, was sie scheinen.« Ich bin jetzt schon gespannt, was Pflegerin Birgit bei den Emmys tragen wird.

Killed by Translation –
Tödliche Übersetzung

Das Wunderbare an Leuten, die in der Werbung arbeiten, ist ja, dass man sie in freier Wildbahn so gut wie nie zu Gesicht bekommt. Denn sie hocken Tag und Nacht in ihren Büros und finden kreative Lösungen für Probleme, die sie zuvor erfunden haben. Bei wichtigen familiären Anlässen erhalten aber auch Werber Freigang. Einen halben Tag, wenn Familienmitglieder heiraten, und bis zu einer ganzen Woche für ihre eigene Beerdigung. Da Werber vor ihrem Ableben also weder über die Zeit noch die Persönlichkeit verfügen, neue Freunde zu finden, müssen bei solchen Festivitäten die alten Freunde des Brautpaars herhalten. So werde ich gerne an einen Tisch mit Agentur-Zombies gesetzt und folgendermaßen vorgestellt: »Katinka macht jetzt was mit Kunst, aber früher war sie auch mal in der Kreativbranche. Sogar als Texterin, richtig?« Daraufhin hechte ich zum Büfett, um meinen Teller vollzuschaufeln, und kehre im Schneckentempo an meinen Platz zurück. Aber irgendwann habe auch ich meine Riesenportion verdrückt und der Werber seinen Lebenslauf schon dreimal komplett nacherzählt. Unweigerlich fällt dann die Frage: »Hast du auch TV gemacht, damals? Irgendwas, was ich gesehen haben könnte?«

Gewöhnlich schlage ich dann kokett die Lider nieder und flöte: »Oh, ich hoffe nicht!« Dann lacht das Werbetier und labert weiter von seinem Abenteuerurlaub auf einem Luxusdampfer. Ich lächle dazu milde, aber innerlich muss ich das dunkle Kapitel meiner Vergangenheit, das brutal aus meiner Gedächtnis-Bibliothek gerissen wurde, noch einmal von vorne bis hinten durchlesen. Zum Glück ist es kurz. Gerade mal zwei Jahre dauerte mein Gastspiel bei einer der weltgrößten Agenturen.

Dabei begann meine Karriere als Texterin äußerst vielversprechend. Bis ich im Bewerbungsgespräch angab, die englische Sprache in Wort und Schrift hervorragend zu beherrschen. Meine zukünftige Chefin frohlockte: »Wunderbar! Wenn du adaptieren kannst, hast du den Job.« Damals war ich dreiundzwanzig Jahre alt und hatte außer meinem Abitur nur noch zwanzig Mark in der Tasche. Ich hätte apportiert und adoptiert, um so schnell wie möglich viel eigenes Geld zu verdienen. Außerdem sah ich mich im Geiste schon mit Preisen für meine witzigen Werbespots überhäuft, in meiner Autobiografie würde einst zu lesen sein: »Natürlich kann man die Werbung verpönen, aber für mich war sie ein Einstieg. Und gerade die Beschäftigung mit dieser moralisch fragwürdigen Welt hat mich zu der Filmemacherin gemacht, die ich heute bin. Hätte ich jemals solch eine Tiefe erlangt, wenn ich nicht vorher in diese mit Flitterkram verhangenen Abgründe geschaut hätte? Wer weiß.« Also antwortete ich: »Of course, I'm looking very much forward to it«, ohne auch nur den Hauch einer Ahnung zu haben, was auf mich zukommen sollte. Bald stellte sich heraus, dass Adaption in der Werbebranche nichts mit der Kunst der sensiblen Übersetzung von einer Sprache in die andere zu tun hatte. Ende der Neunzigerjahre hatte man dort nämlich einen schnell wachsenden Sprachurwald gepflanzt, in dem das Denglischfieber ausgebrochen war. Ich sollte mit der Machete voran einen Pfad durch das hässliche Fantasiegestrüpp Richtung allgemeiner Verständlichkeit schlagen, jedoch ohne dabei die eventuell nützlichen Keimlinge zu zerstören, Menschen zu verletzen oder selbst dem Virus anheimzufallen.

Mein Arbeitsalltag glich bald einer Brettspielversion von *Apocalypse Now*. Eine Dose Hundefutter wurde zu meiner Nemesis. Woche für Woche scheiterte ich an dem Versuch, die auf ihr aufgedruckte Zutatenliste ins Deutsche zu adaptieren. Nachdem ich sämtliche gängigen Nachschlagewerke über die Vieh- und Haustierzucht durchgeackert hatte, war ich überzeugt, dass es sich bei dem mysteriösen britischen »beet pulp« um die Sättigungsbeilage Zuckerrübenschnitzel handeln musste. Das wurde von der Rechtsabteilung als korrekt abgenickt, aber so ein Bandwurmwort passte natürlich nicht auf das Etikett. Außerdem wurde in langwierigen Konferenzen bemängelt, dass Zuckerrübenschnitzel irgendwie schmutzig, dabei aber trotzdem unsexy klänge. Auf meinen Vorschlag »Rübenspan« erwiderte die Kundenkontakterin den denkwürdigen Satz: »Also, da fehlt mir jetzt personally ein bisschen die crazy-over-the-topness.«

Als ich in einem Anfall von Wahn schließlich »Wurzelklein« vorschlug, wurde ich in die Chefetage gerufen. Die vermeldete sensationelle Neuigkeiten: Die Briten hatten die Rezeptur geändert, sämtliche Vitamine, mit denen der Hundefraß fortan angereichert werden würde, waren nun in der Zauberzutat »Biotin« vereint. Das müsste ich nicht übersetzen. Die Sektkorken knallten, ich wurde befördert. Ohne Gehaltserhöhung sollte ich mich nun zusätzlich um den Shampoo-Etat kümmern. Ein Klacks, da auch die Haarpflegemittelbranche ihren Produkten neuerdings Biotin beimische. Um mir eine solidere Arbeitsstruktur zu bieten, wurde ich außerdem zur verantwortlichen TV-Spot-Adaptöse in den Bereichen Haar und Hund ernannt.

Nun: Was für die Spinne Struktur ist, bedeutet für die Fliege Chaos. Ich verhedderte mich wild in meinen Aufträgen, Dokumente landeten in falschen Ordnern, das Vieraugenprinzip bestand nur auf dem Papier. Es geschah, was geschehen musste: So war im späten 20. Jahrhundert im deutschen Fernsehen ein von mir adaptierter Spot zu sehen, in dem ein hübsches junges Model ihre prächtigen Locken schüttelt. Aus dem Off hörte man zwar eine aufdringliche Stimme das Versprechen abgeben, jede Frau könne durch Verwendung des beworbenen Produktes so fantastisches Haupthaar erlangen, aber auf dem Bildschirm prangten Gold auf Weiß die Worte: »Mit Biotin für gesundes Fell und starke Knochen.« Schon damals war ich mir zu 99 Prozent sicher, dass ich die einzige Person war, der das je aufgefallen ist. Der Spot wurde nämlich nach einmaliger Sendung eingestampft, weil die britische Mutteragentur plötzlich eine ganz neue Kampagne fahren wollte. Trotzdem löschte ich flugs alle Dokumente auf meinem Arbeitsrechner und kündigte sicherheitshalber. Man konnte einiges an der Agentur bemängeln, aber ihre Rechtsabteilung war top. Denen wollte ich in einem Gerichtssaal nicht auf der anderen Seite begegnen.

Im Anschluss verfügte ich über viel Tagesfreizeit, die ich zur Selbsttherapie nutzte. Ich schaute bewusst und viel Reklame. Und immer, wenn ich auf besonders interessante Adaptionen wie etwa »elektrisierende Effekte« oder die heute zu den modernen Klassikern zählenden »Cerealien« stieß, bedauerte ich die armen Teufel, die wertvolle Lebenszeit mit der Schöpfung dieser Grausamkeiten vertändelt hatten. Dank dieser Heilmethode fühlte ich mich stündlich ein bisschen besser in meinem Arbeitslosendasein. Nach ein paar Monaten stach mich aber doch wieder der Hafer: Ich war ja immer noch keine große Filmemacherin geworden. Das galt es, baldmöglichst zu ändern. Vielleicht würde ich mit meinen Vorkenntnissen als Reklame-Adapter in der Spielfilmproduktion anheuern können. Leute wie ich, die die Dialoge aus großen Hollywood-Blockbustern schnell und treffsicher übersetzen konnten, wurden doch bestimmt händeringend gesucht. Und wenn ich den gängigen Trend richtig gedeutet hatte, waren es weniger Farmer-Dramen, die die Zuschauer an die Kinokassen lockten. Ich war also gefeit davor, mir noch einmal an Zuckerrübenschnitzeln die Zähne auszubeißen. Eine Lehre hatte ich aber doch aus meiner Zeit in der Werbeagentur gezogen: Man bekam nicht direkt die dicken Fische zum Entgräten serviert, sondern musste sich an den Konserven beweisen. Und was war das filmische Äquivalent zu einem Dosenetikett? Genau, der Titel.

Also begann ich, im Internet mit dem Lexikon des internationalen Films zu trainieren, und zwar so, als würde ich Vokabeln büffeln. Meine erste Lernphase stand unter dem Motto »Motivation durch schnelle Erfolge«. So klopfte ich mir brav auf die Schulter, wenn ich aus dem Effeff aufsagen konnte, dass *Gone with the Wind* seinerzeit als *Vom Winde verweht*« in den deutschen Verleih gegangen war. Leider war das Internet damals noch nicht so dicht mit Wissensmüll ausgepolstert, dass ich hätte herausfinden können, ob jemals ein überarbeiteter Leidensgenosse in einer Konferenz vorgeschlagen hatte, den Klassiker als *Weg mit dem Wind* auf Erfolgskurs zu schicken. Bald zeichnete sich jedoch ab, dass die Leute vor dem Ausbruch des Denglischfiebers viel geschickter denken konnten. Ich verbeuge mich vor der mutigen und richtigen Entscheidung, den Antikriegsfilm *The Deerhunter* als *Die durch die Hölle gehen* herauszubringen. *Der Hirschjäger* hätte die gutgläubigen Heimatfilmfans vielleicht nicht enttäuscht, aber doch nachhaltig verstört. Bald aber stieß ich auf den Originaltitel: *The Long Kiss Goodnight*. Perfekt. Den Actionthriller mit Geena Davis und Samuel L. Jackson in den Hauptrollen hatte ich Jahre zuvor in den USA gesehen, hatte aber keine Ahnung, unter welchem Namen er in den deutschen Verleih gegangen war. Ich verlegte mich daher aufs Raten. Unwahrscheinlich, dass jemand daraus *Der lange Gutenachtkuss* gemacht hatte. Das hätte das falsche Publikum angezogen, nämlich Eltern von renitenten Kleinkindern, die partout nicht zu Bett gehen wollen. Hatte man sich elegant und doch griffig für *Amnesie* entschieden? Immerhin spielt Frau Davis eine brave Lehrerin, die nach einem schweren Unfall unter Gedächtnisverlust leidet – zumindest bis sie sich selbst bei einer Weihnachtsparade im Fernsehen sieht und ihr klar wird, dass sie eigentlich eine von der Regierung beschäftigte Killerin ist. Aber wahrscheinlich trug 1996 schon längst ein anderer Film diesen Titel. Mir schwante Böses. Um die saisonalen Bedingungen in dem Film nicht unter den Tisch zu kehren, hatte man vielleicht etwas Kitschig-Wirres unternommen, wie *Kopflos im Winter*, oder, um dem Genre gerecht zu werden, *Balla-Balla unterm Baum*. Meine Geduld war am Ende, und meine schlimmsten Befürchtungen wurden übertroffen. Die Lösung lautete: *Tödliche Weihnachten*. Was war das denn für ein bescheuerter Titel für einen doch recht unterhaltsamen Streifen? Wer dachte sich so etwas aus? Wahrscheinlich dieselben Menschen, die aus einem meiner Lieblingsfilme, nämlich *Eastern Promises*, einfach *Tödliche Versprechen* gemacht hatten. Okay, da passt es wenigstens etwas mehr zum Inhalt. Es wird viel und brutal gemetzelt, und die wortwörtlichen Alternativen wären vielleicht noch unverdaulicher gewesen: *Östliche Versprechungen* klingt nach Schonkaffee-Fahrt auf dem Bibelsender, *Versprechen aus dem Osten* wie eine Reality-Doku über die Neujahrsansprache der Kanzlerin. Bei meinen weiteren Recherchen stellte ich fest: Dutzende von Filmen der letzten Jahrzehnte endeten in Deutschland zwar nicht zwangsläufig tödlich, aber sie fingen immer so an. Aus dem belgischen Thriller *Loft* wurde *Tödliche Affären*. Warum? Traute man dem durchschnittlichen Zuschauer nicht zu, dass er ein durchaus gebräuchliches Synonym für Dachwohnung kannte? Hatte irgendwer deswegen aus *Lost Behind Bars* die *Tödliche Verschwörung* gemacht? Befürchtend, das gemeine Publikum könne sonst übersetzerisch selbst tätig werden, daraus *Verschollen hinter den Theken* machen und sein Geld zurückverlangen, wenn es keinen Kneipen-Krimi zu sehen bekommen hat? Ich weiß es nicht.

Aber es muss eine tödliche Sucht gewesen sein, eine Epidemie, die nur ein Held von Format einzudämmen vermochte: Bruce Willis.

Als nämlich *Die Hard* in Deutschland anlaufen sollte, muss auch den Dumpfsten aufgefallen sein, dass *Tödliches Sterben* wohl, wie man auf Neudeutsch sagt, ein Overkill gewesen wäre. Also versuchte man etwas Neues. Man ließ den Originaltitel vorne stehen, nur durch einen Gedankenstrich von dem deutschen Übersetzungsversuch *Stirb langsam* getrennt. Heute klingt das nicht mehr revolutionär, aber damals war es ein Eingeständnis der Verleiher, so als wollten sie sagen: »Ja, wir wissen, der deutsche Titel ist nicht ideal, aber immerhin ein wenig knackiger als ›Kaum totzukriegen‹ oder ›Stirb schwerlich‹, oder?« Es war fast so, als würde man das Publikum nun auffordern, selbst zu denken, zumindest vor der Vorführung. Aber schon beim unvermeidlichen Sequel wurde es lustig. Die amerikanischen Produzenten planten nach dem Erfolg des ersten Teils weit voraus und nannten ihn schlicht: *Die Hard 2*. Nicht *Die Harder*. Das ist der, nun ja, deutsche Titel, was man im Zweifelsfall daran erkannte, dass ihm nicht *Stirb langsamer* angefügt war.

In meiner persönlichen Lieblingsfantasie wurde Bruce Willis über diesen albernen Kleinkrieg persönlich informiert, vielleicht von einem ehemaligen Kindergartenfreund aus Idar-Oberstein. Zumindest hieß der dritte Teil der Serie im Original nicht schlicht *Die Hard 3*, sondern sehr klangvoll: *Die Hard with a Vingeance.* Da war bestimmt der Teufel los beim deutschen Verleiher: *Stirb langsam mit ... einer Rache? Einer Vergeltung? Stirb rächend langsam?* Aber es hätte zu sehr nach Kapitulation gerochen, wenn man eine schnöde Ziffer an den Titel gepappt hätte. Also drohte man unmissverständlich gen Hollywood: *Stirb langsam – Jetzt erst recht.* An diesem Punkt ging es längst nicht mehr darum, ob die Filme Geld einspielten, sondern ums Prinzip. So drehte man drüben flink Teil vier ab, der dort als *Live free or die hard* herauskam. Offene Provokation, klar. *Lebe frei oder stirb langsam* hätte wie der Refrain eines eher bedenklichen Volkslieds geklungen, deswegen entschlossen sich die Deutschen zur absoluten Reduktion: *Die Hard 4.0.* Vorsprung durch Technik, jawohl! Hollywood gab ein Friedensangebot mit Teil fünf, *A Good Day to Die Hard,* ab. Man ging hierzulande darauf ein und übersetzte wohlklingend und fast formvollendet: *Ein guter Tag zum Sterben.*

Wenn ich diesen Gedankengang beendet habe, hat mein Tischherr für gewöhnlich auch seinen Bericht über die Kreuzfahrt auf Kundenkosten beendet, und die soziale Agenda-App erinnert ihn daran, dass es an der Zeit ist, mir eine weitere Frage zu stellen. Da Politik und Religion tabu sind, wählt er den Favoriten aus Gesellschaft und Finanzen: »Und, kannst du von deiner Kunst leben?«

Dann grinse ich so breit, dass die Rucola-Reste zwischen meinen Zähnen blitzen, und antworte: »Na, zumindest ist heute kein guter Tag, um zu sterben. Yippie-ya-yei, Schweinebacke!« Anschließend verabschiede ich mich salutierend und blicke nie mehr zurück.

Das bin ich Bruce Willis alias John McClane einfach

schuldig. Er ist unendlich langsam dafür gestorben, dass es kaum noch schwachsinnige Filmtitel-Übersetzungen gibt. Dialoge sind eine andere Baustelle, auf der noch hart adaptiert wird. Das merkt man am Beispiel »Schweinebacke«. Da steht ein ganz anderes Wort im Originalskript. Kleiner Tipp: Es ist noch schmutziger als Zuckerrübenschnitzel.

Vampire im Wandel der Zeit

Natürlich hören die jungen Leute heute furchtbare Musik. Auch ihr Sozialverhalten ist unter aller Sau. Sie interessieren sich nicht für Politik, und jedes Mal, wenn ich die Jugendlichen in meinem Viertel beobachte, wie sie auf ihre Handys starren und – wenn überhaupt – nur in mir unverständlichen Akronymen miteinander sprechen, erschauere ich. Die sollen mich später mal pflegen, wenn ich alt und gebrechlich bin? Oder werden das bis dahin Roboter erledigen? Wer sich allerdings über ihre Vampire beschwert, ist ein elender Spießer und ein Heuchler dazu. Menschen meines Alters outen sich doch als präsenil, wenn sie sich folgendermaßen über die *Twilight*-Filme mokieren: »Bella und Edward, was für ein Schwachsinn! Die sitzen doch nur im Baum und glitzern! Und überhaupt, was wird denn da für ein Frauenbild transportiert? Unsere Vampire waren wenigstens gruselig!«

Entschuldigung? Vampire waren niemals gruselig. Zumindest nicht auf der Leinwand, und schon gar nicht für die Hauptzielgruppe, nämlich Teenager-Mädchen, Backfische, holde Jungfrauen. Natürlich ist es ebenso verständlich wie löblich, dass jede Generation versucht, den weiblichen Nachwuchs vor dem Bösen da draußen in der Welt zu warnen, ohne ihn gleich mit schaurigen Details zu traumatisieren. Allein es haute nie hin, aufgrund eines eklatanten Denkfehlers: Man kann junge Mädchen einfach nicht damit erschrecken, dass irgendwann ein cooler, mysteriöser Typ aus dem Nichts auftaucht, der ein gesteigertes Interesse an ihrer Person hegt. »Juhu, der Prinz kütt!«, wäre da wahrscheinlich die spontane Reaktion jeder Heranwachsenden in meiner Wahlheimat, und deren Mutter würde genau wie meine Mutter ihrerzeit mit den Augen rollen und versuchen, das ursprüngliche Szenario mit ein paar schaurigen Umschreibungen zu konkretisieren: »Der Kerl hat aber was Düsteres an sich. Ganz in Schwarz kommt er daher. Er ist auch älter als du. Und benimmt sich ... du weißt schon ... komisch.«

»Ah, so wie in *Grease*! Tanzt er auch?«, wird das Mädchen dann frohlocken, und die Mutter weiß sich nicht anders zu helfen, als zu beschwören: »Nein! Er ist noch viel älter! Im Prinzip so gut wie tot. Und er will dich in seine dunkle Welt mit hinabziehen, in der du tagsüber schläfst und des Nachts herumfliegen musst. Für immer und ewig, weil du unsterblich bist.«

Spätestens an diesem Punkt muss sich doch kein Elternteil wundern, wenn das junge Mädchen daraufhin ausruft: »Genial! Nie wieder Matheunterricht! Wo muss ich unterschreiben?«

Wo die heimische Erziehung versagt, hat Hollywood immer gerne geholfen. Der Typus des eleganten Gentleman-Vampirs in Gestalt von Bela Lugosi wurde bis auf Weiteres für tot erklärt und man fing an zu recherchieren: Was finden weibliche Teenager wirklich fies? Wovor fürchten sie sich? Was für eine Art Mann ruft bei ihnen Ekel und Unbehagen hervor? Vielleicht wurden daraufhin mittelgute Filmideen wie: *Der Physiklehrer, der müf-*

felte oder *Bademeister des Grauens* geboren und schnell wieder begraben. Allerdings zog man im Jahre 1979 den vermeintlichen Hauptgewinn. Der damals mittelalte Klaus Kinski sollte in einem Remake von *Nosferatu* die jungen Dinger endlich das richtige Fürchten lehren. Es hätte funktionieren können, allerdings nicht bei meiner Schwester und mir. Wir waren zu sehr damit beschäftigt, über die Reaktion unseres Vaters zu lachen, mit dem wir den Film Ende der Achtziger gemeinsam ansahen. Denn anders als Werner Herzog hat mein Vater kein ambivalentes Verhältnis zu Herrn Kinski. Er hasst den Mann auf eine Art, die dem Klaus selbst wahrscheinlich Bewunderung abgerungen hätte: »Ah, da ist der widerliche Giftzwerg ja wieder! Dass die sich bei der Maske solche Mühe gegeben haben! Das wäre doch gar nicht nötig gewesen, bei der elendigen Fratze.« Als meine Schwester es sich bald danach zum Hobby machte, die Geburtstage berühmter Schauspieler auswendig zu lernen, tobte unser armer Vater erst richtig: »Klaus Kinski soll Waage sein? Waagen sind harmoniebedürftig, nett, zuvorkommend und lieben das Schöne! Da könnt ihr mal sehen, was das für ein Schwachsinn ist mit der Astrologie. Ich bin eine typische Waage, nicht diese Wurstlippe!« Um Missverständnisse zu vermeiden: Vom *Nosferatu*-Kinski wollte natürlich keine von uns je zur Braut der Nacht gemacht werden. Aber soweit ich mich an den Film erinnere, stellte er dort eher eine lebens- beziehungsweise todesmüde Variante des Grafen dar, dem überhaupt nicht an Gesellschaft lag. Ehrlich gesagt sind von dem Film nicht viel mehr als die unpraktischen Fingernägel des Blutsaugers und ein Segelschiff voller Erde in meinem Unterbewusstsein hängen geblieben. Es war einfach unterhaltsamer, meinem Vater beim Ausflippen zuzusehen, als einem Kinski, der das mal ausnahmsweise nicht tat.

Ebenfalls in den Achzigerjahren starteten die Amerikaner dann eine halbherzige Offensive mit *The Lost Boys*. Eine brillante Taktik: Mädchen mögen sich in einem gewissen Alter vielleicht zu düsteren Rebellen hingezogen fühlen, aber da wollen wir doch mal sehen, was passiert, wenn wir die bösen Jungs in wirklich steile Lederklamotten packen und sie auf Motorräder setzen, ha! Das wird ihnen aber Angst machen! Bestimmt, Hollywood. Zugegeben: Eine Szene fanden wir ziemlich abstoßend, und zwar die, in der sich das chinesische Essen als Gewimmel von Maden entpuppt. Unsere gesamte Clique startete daraufhin eine ausgewogene Trennkost-Diät, bei der man alles außer Reis und Müsli essen durfte. Merke: Ein Snickers kann viel, aber nicht wimmeln. Auch das Casting fanden wir suboptimal: Kiefer Sutherland taugt, genau wie sein Vater Donald, eigentlich immer als Ekelpaket. Aber keine von uns wusste zu deuten, warum ausgerechnet das stupsnasige Blondchen eine Horde Rocker-Vampire anführte. Wir verbuchten es als Witz, den wir vielleicht in ferner Zukunft verstehen würden. Zumindest hielt *The Lost Boys* auf der wissenschaftlichen Ebene interessante Neuigkeiten für uns parat: Ein Vampir konnte ein Haus nur betreten, wenn er hereingebeten wurde. So setzte sich bei unseren Partys die Begrüßungsformel »Immer herein, wenn es kein Sutherland ist«, durch.

Nach diesem Fehlschlag wich die Filmindustrie eine

Weile vom Genre ab und verlegte sich auf Katastrophen-
filme und romantische Komödien. Mit *Pretty Woman*
schien der Erziehungsauftrag von cineastischer Seite aus
fristlos gekündigt, nach dem Motto: »Zum Teufel mit der
Moral! Dann versucht euer Glück halt auf dem Strich,
Mädels! Hübsch ausgeleuchtet ist das auch gar nicht so
schlimm. Mit ein bisschen Geschick könnt ihr auch einen
skrupellosen Geschäftsmann auf die Seite des Lichts
zurückholen.«

Nur der gute alte Francis Ford Coppola sah sich gezwun-
gen, dem Verfall der Sitten Einhalt gebieten. So ist sein
Bram Stoker's Dracula von 1993 ein Lehrstück in vielerlei
Hinsicht. Als Vorbild für die Kulisse galt vielleicht der
Kölner Dom, aber dann ist beim Faxen der Skizzen wohl
etwas schiefgelaufen. Aus der Not heraus haben die Set-
designer also einfach Disneyland leicht abgedunkelt und
die Kameras draufgehalten. Statt Grusel kam Scham in
mir auf. Ich sah mir die Premiere des Films in einem sehr
tristen Shopping-Center im ländlichen Connecticut an.
Meine Begleitung war mein damaliger Gastvater, der
direkt von seiner Schicht ins Kino geeilt kam. Ich saß also
neben einem sehr dicken, sehr müden Polizisten in Uniform, der jede Szene mit: »Guter Gott, meinen die das
ernst?«, kommentierte. Ich galt in der Highschool schon
zuvor als schräge Tante, aber dass ich *Dracula* unter
Polizeischutz ansehen musste, ließ die Gerüchteküche
erneut brodeln. Meine Mitschüler schnitten mich, und
am Ende des Jahres hätte ich mich sogar von Klaus Kinski
beißen lassen, um mal etwas zwischenmenschlichen Kon-
takt zu erleben.

Ein paar Jahre später sah Hollywood ein, dass man sich am europäischen Groß-Vampir verhoben hatte, und reagierte erst gewohnt beleidigt, dann mit einem brutalen Vergeltungsschlag in hundert Staffeln. *Buffy, the Vampire Slayer* erreichte endlich das, was Generationen von Eltern und Drehbuchautoren vergeblich versucht hatten: Mädchen hatten keinen Bock mehr auf Vampire. Zumindest nicht auf solche. Noch weniger mochten sie die Titelfigur, die nichts als eine besserwisserische Version von Paris Hilton war. Den Jungs war's egal, die hörten gar nicht hin, wenn Buffy sprach. Alles, was sie interessierte, waren die Waffen, mit denen die armen Vampire niedergestreckt wurden. Wenn dann unter Buffys Armbrust mal der Ansatz ihrer eigentlichen Brust aufblitzte, wurde das von den männlichen Zuschauern wohlwollend zur Kenntnis genommen. Ja, es war wirklich gruselig festzustellen, dass Männer im Grunde auf Frauen stehen, die aufräumen und dabei adrett aussehen. Das war weder meine Idee von romantischem Vampirismus noch von Emanzipation. Aus Trotz und Enttäuschung wandte ich mich für lange Zeit vom Genre ab und führte stattdessen ein Leben. Rund zwanzig Jahre schlief ich aus rein gesundheitlichen Gründen bei offenem Fenster, und nicht, um doch noch interessierten Blutsaugern Einlass zu gewähren.

Aber dann wurde die Serie *True Blood* ausgestrahlt. Schon die erste Folge war eine Offenbarung. Die prüden Amis waren es endlich leid geworden, verkrampft mit dem Zaunpfahl zu winken. Sie hatten den ganzen Zaun niedergerissen: Vampire sind geile Typen, und die zeigen wir jetzt! Nein, es genügt denen nicht, schüchtern an deinem Hals zu knabbern. Und so flossen die Säfte nicht, sie schossen. Ich konnte meinen Blick nicht abwenden und saß mit offenem Mund vor dem Fernseher. »Dir ist schon klar, dass das eine Satire auf die bigotte Gesellschaft und eine Metapher für latenten Rassismus ist, oder?«, fragte meine innere Stimme, und ich nickte geistesabwesend. Sicher doch. Deswegen waren die Menschen bei *True Blood* ja ebenfalls triebgesteuerte Idioten. Teilweise sogar Vollidioten. Die holde Jungfrau Sookie Stackhouse war so süßlich, dass der Bildschirm zu verkleben drohte, ihr Bruder Jason hatte statt Hirnflüssigkeit Testosteron im Kopf. Edel-Blutsauger Bill verbreitete den fraglichen Charme des alten Südens genauso vielschichtig wie ein Baumwollstrauch. Der nordische Nebenbuhler Erik war etwa so furchteinflößend wie ein Ikea-Schrank in Mattschwarz. Aber das war egal. Etwaige Schwächen in Handlung und Dialogen wurden spätestens nach drei Minuten wieder durch ein kunterbuntes wüstes Gerammel zerstreut. Nach *Sex in the City* sah ich plötzlich *Porn in the Country*. Und ich fragte mich, ob alles, was ich sah, nicht verpixelt gehörte. Ich selbst war ja inzwischen alt genug für so einen Schweinkram, aber was war mit der Jugend? War die jetzt total versaut, für das Leben und den Tod?

Am Tage nach der deutschen Erstausstrahlung von *True Blood* ging ich in meinem Viertel spazieren. Ein Blick genügte, um festzustellen, dass sämtliche Jugendlichen die Blutorgie der letzten Nacht angesehen hatten. Teenager beiderlei Geschlechts hockten stumm auf den Parkbänken, einige wippten katatonisch. Ein Mädchen brach schließlich das Schweigen. Sie legte ihrem Freund, der mit glasigen Augen in die Ferne starrte, den Arm um die Schulter und tröstete beinahe mütterlich: »Hey, ich erwarte doch gar nicht, dass wir sofort so loslegen wie Bill und Sookie! Wir gehen es langsam an, ja? Aber dafür versprichst du mir, dass wir zusammen in den neuen *Twilight*-Film gehen, ja?« Das Bürschchen wimmerte: »Oh, ja. Bitte!« Ich glaube, er weinte sogar.

Seither ist meine Welt wieder im Lot. Die Mädchen haben ihre Vampire wieder zurück. Und an Selbstbewusstsein gewonnen. Vielleicht kann ich also doch in dieser Welt alt werden und muss mich nicht unsterblich beißen lassen. Ewige Jugend scheint mir heutzutage ohnehin etwas anstrengend zu sein. Alleine dieses Auf-Bäumen-Sitzen und Glitzern. Furchtbar.

Eine Dicke hätte dem Spiel gut getan

»*Ich habe schon den Kamm mitgebracht!*«
Vern Tessio, *Stand by Me*

Wenn du zwölf bist, ist alles toll. Du bist noch kein Teenager, der an allem herummäkelt, sondern du saugst die schöne bunte Welt um dich einfach nur auf. Wie ein Schwamm. Der saugt natürlich auch Dreck auf, klar, aber das ist eben sein Job, so wie es dein Job ist, in die Schule zu gehen, Hausaufgaben nicht zu verstehen und den Vogelkäfig sauber zu machen. Und Jazzdance. Das ist der allerletzte Dreck, aber den hast du dir ja selbst eingebrockt. Richtiggehend gequengelt hast du, damit deine Eltern dir den Kurs bezahlen und auch noch die glänzende enge Gymnastikhose, die du unbedingt brauchtest. Ohne die kann man nämlich gar nicht tanzen. Mit kannst du es auch nicht, aber das liegt an der Lehrerin. Die hat dich in die falsche Gruppe gesteckt, zu den Jüngeren. Aber das schluckst du und winkst deinen beiden besten Freundinnen zu, durch die große Glasscheibe im Tanzstudio. Sie winken nicht zurück, weil das grad nicht dran ist in deren Choreografie. Isabel und Nadine sind in der richtigen Gruppe und haben bald eine Aufführung. Vor Publikum, mit Paillettenhütchen. So ein Hütchen hättest du auch gerne, denn man darf es nach der Aufführung behalten und kann es an sein Regal in seinem Zimmer hängen, als Erinnerung. Jeder, der zum ersten Mal in dein Zimmer kommt, wird dich fragen, wo du denn dieses süße Hütchen herhast, und dann kannst du sagen: »Von der Aufführung, bei der nicht nur Eltern da waren, sondern auch ganz normale Leute. Die haben sogar Eintritt bezahlt, um zu sehen, wie wir tanzen. Alle ganz synchron. Und zu Musik für Erwachsene, aus einem Musical, das berühmt ist.«

Irgendwann kommen dann vielleicht auch Jungs in dein Zimmer. Wenn du dann ein süßes Hütchen hast, ist der Junge wahrscheinlich auch süß, aber auch ganz schön wild. Er wird sich dein Hütchen aufsetzen, eine Grimasse schneiden, und du lachst. Aber dann sagst du so gespielt verärgert: »Ach, lass das doch, Patrick! Dieses Hütchen bedeutet mir sehr viel, es war Teil meines allerersten Jazzdance-Kurses. Damit fing alles an. Eigentlich war es für mich mit zwölf schon zu spät für eine große Karriere als Tänzerin, aber ich hatte eben Talent. Isabel ja auch. Andere hatten da weniger Glück. Die mussten mit den Achtjährigen zu *Peter und der Wolf* tanzen. Na ja, was heißt tanzen, ich glaube das hieß ›Grundbegriffe der Körperkoordination‹. Das war auch schön für die, glaube ich. Da war ein Mädchen drin, das vorher nur mit Krücken gehen konnte, und das hat immer ganz fröhlich geguckt, wenn es nicht hingefallen ist. Und eine frühere Freundin von mir, die war auch bei ›Körperkoordination‹. Wie hieß die noch mal? Ich muss mal Isabel fragen. Die merkt sich ja immer jeden Kleinkram.« Und Patricks Augen werden schon ganz glasig, während du von der Geschichte deines Hütchens erzählt. Er sieht gut aus, aber er ist auch witzig: »Nadine, was hältst du denn davon, wenn wir beide jetzt ein bisschen ›Körperkoordination‹ machen?« Und dann kicherst du erst ins Kissen, springst aber sofort auf, und dann rockt ihr die Hütte. Wenn du dann schon über sechzehn bist, macht ihr vielleicht danach noch Liebe, aber das sieht man gar nicht, das ist privat.

Aber bis zum privaten Teil von Nadine und Patrick malst du dir das schon aus, wenn du zwölf bist und auf der falschen Seite der Scheibe stehst, nicht bei deinen besten Freundinnen. Und wenn die dir jetzt schon nicht zurückwinken, werden die bestimmt deinen Namen vergessen haben, wenn sie mit ihren süßen Hütchen Jungs anlocken. Da hast du plötzlich keine Lust mehr, in die Umkleide zu gehen, um dich für Körperkoordination umzuziehen. Dich nerven die Achtjährigen, von denen die meisten sehr begabte Vierjährige sind. Du sagst also der doofen Tanzlehrerin, dass du deinen einen Schuh vergessen hast. So ein Pech. Um nicht gelogen zu haben, wirfst du beim Verlassen des Tanzstudios deinen linken Schlappen in die Mülltonne am Eingang. Die Tonne wird irgendwann geleert werden, ihr Inhalt zur Deponie gebracht. Dein Schuh wird verbrannt. Vielleicht wird er auch ein Autoreifen, aber so, wie die Dinge bei dir derzeit laufen: eher nicht. Dein Schuh hat's hinter sich, der muss nie wieder zur Körperkoordination.

Zum ersten Mal in deinem Leben wirst du mit dem Phänomen der Vergänglichkeit konfrontiert. Nein, eigentlich zum zweiten Mal, denn du hast ja neulich den besten Film aller Zeiten gesehen, *Stand by Me*. Den durftest du sehen mit einer alten Freundin von dir, die am anderen Ende der Stadt wohnt und auf eine andere Schule geht. Sie ist wie eine Cousine, die in Südtirol lebt, sie zu sehen, ist schön, aber zu selten. Oft verstehst du auch nicht, was sie so redet, nickst aber trotzdem. Ihre Patentante war auch mit im Kino, weil die Vorlage für den Film von Stephen King ist. Du wusstest nicht, wer das ist, aber du magst die Patentante deiner alten Freundin, denn die ist nicht alt. Außerdem hat sie an Stellen gelacht, die ihr zuerst gar nicht komisch fandet, aber dann habt ihr sie doch kapiert und auch gelacht. In *Stand by Me* geht es um vier Freunde, die eine Leiche suchen. Sie finden sie auch, aber das ist nicht der Punkt. Die vier Freunde tun alles füreinander, sie erzählen sich alles und retten sich gegenseitig das Leben. Und das hat nichts damit zu tun, dass sie Jungs sind und in Amerika leben. Oder dass es eine Bande von älteren Jungs gibt, von denen sie drangsaliert werden. Es geht darum, dass sie zu viert sind, fällt dir plötzlich auf. Zu viert zu sein, wenn man Abenteuer erlebt, ist perfekt. Zu dritt kannst du ja nicht einmal zur Kirmes gehen, weil die meisten Karussells nur Wagen für zwei haben. Eine muss immer mit einem Fremden in der Gondel sitzen oder vor dem Fahrgeschäft warten und auf die Rucksäcke der anderen beiden aufpassen. Das ist noch schlimmer, als beim Jazzdance vor der Glasscheibe zu stehen. Deswegen haben die drei Musketiere D'Artagnan mit ins Boot geholt: Zu dritt gibt es nur Ärger. Aber du willst ja gar keine Königin rächen oder im Krieg gegen England kämpfen, du willst nur sein wie die Jungs aus »Stand by Me«.

Natürlich wärst du Gordie Lachance. Der hat so schöne, traurige Augen und kann die besten Geschichten erzählen. Okay, als er in dem Film rennen musste, hast du dir gedacht: »Der ist aber auch ein Kandidat für Körperkoordination«, aber jetzt merkst du: Umso besser, da haben wir noch eine Gemeinsamkeit. Ich bin Gordie.

Dann gilt es noch herauszufinden, wer Chris Chambers ist, Isabel oder Nadine? Das ist kompliziert: Isabel sieht besser aus, also, auf Mädchenart, aber Nadine ist irgendwie: feinsinniger. Sie hat auch viel überraschter geschaut, als du nicht in die richtige Tanzgruppe aufgenommen wurdest. Sie hat zwar nicht gesagt: »Wenn Katinka nicht bei uns mitmachen darf, dann tanze ich hier auch nicht mit«, aber immerhin hat sie sich nicht so schnell das Pailettenhütchen gegriffen wie Isabel. Isabel lässt dich dafür immer von ihrem Pausenbrot abbeißen. Dir geht auf, dass es unmöglich ist, einen Chris Chambers zu bestimmen, bevor das Kleeblatt nicht komplett ist. Du musst erst einen Vern finden. Das heißt: eine richtig dicke Freundin. Vor allem körperlich. Wo findet man die? Nicht an deiner Schule. Das ist ein humanistisches Gymnasium, die müssen alle dauernd mit dem Fahrrad zum Geigenunterricht fahren, die sind alle schlank wie die Wiesel. Du könntest jetzt zu der Hauptschule in der Innenstadt fahren und nachschauen, ob da dicke Mädchen herumstrolchen. Eine Dicke, die nachmittags zum Nachsitzen muss, wäre perfekt. Denn Vern ist ja auch ein bisschen langsam im Kopf, du erinnerst dich an die Szene im Film, wo Teddy ihn fragt: »Sag' mal, haben deine Eltern jemals ein normales Kind bekommen?« Und Vern hat daraufhin ein wenig blöd geguckt, aber dann auch gelacht. Dicke sind gemütlich und nicht nachtragend. Vielleicht findet sich sogar eine mit schlechter Haut, die von deinen Pickeln ablenkt. Und sie wird dankbar sein, dass du ihr Chancen eröffnest. Wenn du ihr Vertrauen gewonnen hast, nimmst du sie mit zum Tanzstudio. Dann geht ihr beide zusammen zur Körperkoordination und ... nein, stopp! Denkfehler: Du und die Dicke hampelt bei den Kleinkindern herum, während Isabel und Nadine schon mit süßen Hütchen zu Erwachsenen-Musik proben? So nicht. Das würde dich zu Teddy machen, und der ist, wie du weißt: irre. Irre mit dicker Brille. Er flippt in dem Film eigentlich nur aus, und sein Vater sitzt schon in der Klapse. Chris und Gordie beruhigen ihn zwar immer wieder, aber im Anschluss wechseln sie dann so einen bestimmten Blick. Es geht auch nicht gut aus mit Teddy, wie man am Ende des Films erfährt. Er wird noch irrer, als er erwachsen ist. Vern trifft es im Verhältnis ganz gut, er bleibt halt dumm und dick, findet aber eine Frau, die das nicht stört, und bekommt vier Kinder. Gordie wird natürlich Schriftsteller, klar, sonst hätte er die Geschichte von dem Film ja gar nicht erzählen können. Und Chris Chambers? Der kämpft sich durch, an Gordies Seite. Vom Proletenkind bis zum Anwalt. Er hatte ja schon immer diesen Gerechtigkeitssinn. Aber später wird er erstochen, als er einen Streit schlichten will. Das ist ungeheuer traurig und hat dich im Kino wie ein Schlag getroffen, als hättest du selbst deine beste Freundin verloren. Du hast sogar geweint, und die Patentante deiner besten Freundin war ganz besorgt und meinte: »War vielleicht doch ein bisschen früh für Stephen King.« Dann haben sie und deine alte Freundin dich nach Hause gefahren, tschüss, war schön, bis in einem halben Jahr oder so.

Jetzt stehst du mit deinem Fahrrad vor der Hauptschule. Es sind keine Kinder da, weder dicke noch dünne, weder Irre noch Proleten. Offenbar muss an dieser Schule niemand nachsitzen. Dafür setzt du dich jetzt, auf eine Bank im Schatten. So etwas hast du noch nie getan. Das machen Erwachsene. Kinder tollen herum, Jugendliche lehnen lässig am Zaun. Aber du bist zwölf, nicht Fisch, nicht Fleisch. Und nicht Teddy oder Vern. Und vielleicht wirst nie wie Gordie Lachance sein, weil kein Chris Chambers in Sicht ist. In *Stand by Me* heißt es ganz zum Schluss: »Ich werde nie wieder solche Freunde haben, wie ich sie mit zwölf hatte. Aber mein Gott, wer hat die schon?«

Und an diesem Nachmittag beschließt du, dass du niemals wieder zur Körperkoordination gehen wirst. Du wirst nie wieder durch die Glasscheibe schauen oder auf die Rucksäcke von Isabel und Nadine aufpassen. Deine Eltern werden enttäuscht sein und sagen: »Genau wie mit dem Klavierunterricht und dem Volleyball. Warum hältst du nicht mal eine Sache durch?« Aber sie haben ja keine Ahnung, was du alles durchhältst und was du aushältst.

Ein Jahr später zeigen sie *Stand by Me* in der Aula deiner Schule. Isabel und Nadine sitzen in der Reihe vor dir und labern die ganze Zeit. Isabel tanzt immer noch, aber Nadine hat jetzt einen Freund. Der ist nicht halb so süß wie der Patrick, den du dir für Isabel vorgestellt hast, trotzdem ist die neidisch. Folglich sind beide unerträglich. Sie haben es nicht verdient, diesen Film zu sehen. Bei der besten Szene sagt Isabel: »Iiiih, die rauchen ja. Das finde ich total blöd.« Nadine raucht selbst, trotzdem hauen beide ab, um woanders unerträglich zu sein.

Sieben Jahre später stirbt River Phoenix, der einst Chris Chambers gespielt hat, vor dem Club »Viper Room« in Los Angeles. Er wollte keinen Streit schlichten, sondern hatte die falschen Drogen genommen.

Corey Feldman, der Teddy war, musste in echt gar nicht selbst so irre sein, um abzustürzen. Aber er fängt sich wieder, was man so hört.

Jerry O'Connell hat ordentlich abgespeckt seit seiner Zeit als Vern. Er ist nicht schön geworden, aber erfolgreicher Schauspieler geblieben.

Wir alle wissen, was aus Wil Wheaton geworden ist. Er kann über sich selbst lachen und tut es oft und für Geld und im Fernsehen, aber seine schönen Augen sind eingesunken, wie Rosinen im Hefeteig.

Und ich muss im Nachhinein gestehen: Das Leben ist manchmal noch gruseliger, als Stephen King es voraussehen kann. Aber er hat mir keinen Tag zu früh beigebracht, worauf es wirklich ankommt. Denn wenn du zwölf bist und alleine auf einer Bank im Schatten sitzt, fällt dir nur der Satz ein, der in dem Film wirklich wichtig war: Er wird von Gordie in der Szene gesagt, als die anderen kurz vor dem Ziel umkehren wollen. Chris aus Sorge um ihn, Teddy und Vern, weil ihnen die ganze Sache zu ernst geworden ist. Und Gordie sagt: »Vielleicht sollte es kein Spaß sein, wenn man nach einem toten Jungen sucht.«

Denn wegen diesem Satz wolltest du nicht mehr Gordie werden. Sondern Schriftstellerin. Und du hast es durchgehalten.

Zum Selberdrehen: Anregungen für den kreativen Cineasten – Tierfilm noir mit Pfiff

Schaut man sich die Bestsellerlisten so an, fällt auf: Ab und zu wollen wir die Welt einfach erklärt haben, mitunter interessiert uns, an welchem Kiosk ein Promi auf seiner Pilgerreise angehalten hat, und in verruchten Wochen liest man gerne, wie hübsche junge Dinger sich den Popo versohlen lassen, damit das Leben etwas unterschiedlich grau wird.

Was aber immer geht, sind Tiere. Und die machen nicht nur Arbeit, nein, sie haben auch welche: Am liebsten lösen sie Kriminalfälle. Katzen, Hunde, ja selbst Schafe schnüffeln Mördern hinterher, es ist nicht nur beruhigend und goldig, dass die lieben Tierchen dem Verbrechen auf der Spur sind, sondern lässt auch die Kassen tüchtig klingeln. Jetzt könnte man denken, die Vollbeschäftigung naht, jeder lässt einfach einen Mops mit Lupe auf die Halunken los, aber diese Rechnung geht nicht auf: Fast alle niedlichen Säugetiere sind schon »besetzt«, selbst Gänse watscheln bereits auf den Spuren von Giftmischern, man muss sich ranhalten, wenn man einen ganz neuen animalischen Ermittler präsentieren will. Hier ein Vorschlag:

Mörder ohne Rückgrat

Pressestimmen/Vorschusslorbeeren zur Ermunterung:

»*Ein*, wenn nicht *der* Regenwurm-Krimi unserer Zeit«.

»Aufwühlend!«

»Mit Vince Würmli hat Buddenkotte den wohl
ungewöhnlichsten Antihelden geschaffen, den das
Genre je gesehen hat.«

»Verstörend, dicht und doch erdverbunden. Bleibt zu
hoffen, dass ihr das so schnell keiner nachmacht.«

1

Haben Sie eine Ahnung, wie viel Dreck ich in diesem Job
schon gesehen habe?

Um genau zu sein, gar keinen, denn ich bin ja blind.

Als junger Wurm wollte ich Rockstar werden. Kaum
vier Zentimeter war ich lang, als ich ganz allein rauf bis
nach So-Ho, also Solingen Hochebene, gekrochen bin.

Aber es war die falsche Zeit, damals, Anfang der Achtziger. Der Agent meinte, die Verwechslungsgefahr mit

einem Typen namens Jimmy Sommerville sei zu groß. Meinen Song hat er dann trotzdem geklaut und an ein paar Jungs verhökert, die sich »The Jam« nannten. Also, falls es jemanden da oben interessiert, der Titel »Going Underground« stammt von mir, egal was die da oben behaupten.

Und so bin ich Schnüffler geworden. Denn riechen kann ich ja, und falls nicht, hat mir das keiner gesagt. Oder ich habe es nicht gehört. Sei's drum, jedenfalls kommen die Leute zu mir, Detektiv Vince Würmli, wenn sie ein Problem haben.

Und die Leute hier unten haben eine Menge Probleme. Sie ersticken fast daran. Sie machen sich krumm, jeden Tag, für nichts. Manche scheinen gar nicht mehr zu wissen, wo bei ihnen hinten und vorne ist.

Aber sie bleiben hier, in diesem Dreckloch. Die kleinen, blinden … ach, lassen wir das.

Und ich lebe ja ganz gut von ihren Sorgen und Problemen. Enorm viele Trennungsgeschichten, die wie Unfälle aussehen, obwohl meistens ein neugieriges Menschenkind dahintersteckt. Vielleicht kann ich meiner Gattung viel Leid ersparen, wenn ich Ihnen jetzt ein für alle Mal sage: Wenn Sie uns oberhalb des fünfzehnten Segmentes durchtrennen, kann der vordere Teil sich regenerieren. Der Schwanz dagegen stirbt einfach ab.

Anders als bei euch da oben wird hier aus einem einsamen Arschloch kein großer Held mehr. Aber sonst, sonst ist es so ziemlich das Gleiche.

Sex, Liebe, Verrat, Eifersucht, Macht, Geld, Ruhm – all das kannte auch ich nur vom Vorbeikriechen. Bis zu dem Tag, an dem *sie* bei mir auftauchte.

Es war ihre Haltung, die mir ihre Herkunft verriet. Sie war ein perfekter Strich in der Landschaft, der mich dazu herausforderte, ihm meine Spürnase zu beweisen:

»Valerie Wormsworth, nehme ich an, Tochter von Lord Walter Wormsworth, Alleinerbin des Komposthaufens am Westend?«

»Woher wissen sie das, Vince?«, fragte sie.

Ich musterte sie, kurz, aber gründlich, zählte die Ringe an ihrem Körper. Sie hatte genau so viele wie wir alle, aber ihre waren dicker, ausgeprägter, glänzender.

»Nun, wer sich auch nur ein wenig für unseren Nationalsport interessiert, dem sind Sie natürlich keine Unbekannte, Miss Wormsworth. Ich selbst bin kein großer Fan von *Planking*, halte es für Zeitverschwendung.«

Sie kringelte sich lasziv: »Was sind denn Ihre Hobbys, Würmli?«

»Ich habe keine Zeit für Hobbys, Süße. Ich habe vierhundertachtzig Kinder von zwei Exfrauen, und zweihundertvierzig davon leben bei mir, weil ich sie geboren habe, so.«

Warum erzählte ich ihr das? Weil ich ein Idiot bin.

Aber was kann ein Wurm tun? Ich bin auch nur ein Zwitter, der sich mit einem anderen gegenseitig befruchtet, wenn die Zeit reif und die Erde locker ist.

Valerie Wormsworth zog ein Schnütchen: »Sie armer Wurm! Nun, ich hätte einen Auftrag für Sie. Lukrativ, aber vielleicht gefährlich.«

»Gefährlich ist mein zweiter Vorname, also raus mit der Sprache, Lady, worum geht es?«

Sie wand sich ein bisschen, aber dann erzählte sie mir ihre dreckige kleine Geschichte: »Mein Verlobter ist verschwunden. Und ich glaube, mein Vater hat damit zu tun. Er kann ihn nicht leiden.«

»Wie kommen Sie darauf?«, unterbrach ich sie, obwohl mir auf Anhieb ein Dutzend guter Gründe einfielen, weshalb ich ihren Verlobten hasste, ohne ihn auch nur zu kennen.

»Nun ja, er ist Ausländer. Ein Abenteurer, der mit einer Bodenprobe aus den USA eingereist ist. Sein Name ist Wayne Dirtleton. Er ist lang und muskulös und ...«

»Ja, ja, schon gut. Wann haben Sie ihn zuletzt gesehen ... ich meine: gespürt?«

»Beim Friedhof, vorgestern. Mein Vater gab ein Bankett, an einem frischen Grab, und Wayne sagte, er wolle noch ein bisschen Boden gutmachen. Aber er tauchte nie wieder auf ... beziehungsweise unter.«

Ich seufzte. Im Rahmen meiner Möglichkeiten. Vermutlich hatte der Amerikaner vor der Hochzeit nur einen kalten Enddarm bekommen und amüsierte sich jetzt irgendwo, aber das wollte ich der schönen Valerie nicht direkt unter die nicht vorhandene Nase reiben.

Etwas anderes interessierte mich. »Wie viel springt für mich heraus, wenn ich ihn finde – lebend?«

Valerie streckte sich wieder aus, sprach gedehnt: »Dreck spielt keine Rolle. Aber finden Sie ihn, bitte, Würmli.«

Na ja, was kann ich sagen. Es ist mein Job. Ich würde mich durch den Fall durchwühlen, und wenn ich dafür bis an die Oberfläche würde kriechen müssen.

»Sie hören von mir, Val. Nun kriechen Sie nach Hause, in den Kompost, wo Sie hingehören.«

Und sie kroch. Tolles Ende, dachte ich noch.

3

Die Bar, in der ich nach Wayne Dirtleton suchen wollte, war zum Glück unterirdisch. Gemischtes Publikum, wie es nach der großen Biene-Maja-Revolution von 1979 üblich war: die üblichen Asseln an der Theke, ein paar wirklich heiße Käfer, aber insgesamt eher düster. Auf der Bühne krochen ein paar Nacktschnecken über eine Rasierklinge, aber wenn man den Trick nur hört, wird er schnell langweilig.

Ich kroch direkt zum Besitzer, einem elenden Wurm namens Digger.

»Moin, Digger«, grüßte ich, und er empfahl mir: »Friss Dreck.« Ich folgte seiner Einladung, dann kam ich direkt zum Punkt: »Digger, hast du hier einen Kerl namens Wayne Dirtleton gesehen? Er ist Amerikaner.«

Digger kotzte oder schied aus, so genau konnte ich das nicht sagen. Jedenfalls schien ihm der Gesuchte kein Unbekannter zu sein. »Dirtleton, sagtest du? Yep, der war hier. Hat ziemlich viel rumgegraben, der Angeber. Hat gesagt, dass er an die Oberfläche wollte. Meinte, der Vogel, der ihn fangen könnte, müsste früher aufstehen. Der Vollhonk, der.«

Verdammt. Wenn Wayne tatsächlich von der Amsel erwischt worden war, konnte ich der guten Valerie nicht mal seine Leiche präsentieren. Dabei brauchte ich den Dreck dringend. Und vielleicht bestand ja eine winzige Chance, dass der Amerikaner noch lebte.

»Danke, Digger. Ich werde nach oben kriechen. Wenn ich nicht wiederkomme, sag meinen Kindern, ihr Daddy starb als Held.«

Digger lachte: »Wohl eher als armer Schlucker, was, Vince? Aber mach nur, kriech hinauf. Aber bitte, nimm den Hinterausgang.«

4

Auf dem Weg nach oben hatte ich eine Menge Zeit zum Nachdenken. Über die Familie Wormsworth zum Beispiel. Wie konnte es sein, dass Valerie keine Geschwister hatte? Waren sie alle der großen Maulwurfplage von 2002 zum Opfer gefallen? Und wie passte Wayne Dirtleton zu dieser feinen Familie? Auf einmal wurde mir klar, was ich als Erstes tun musste, wenn ich die Oberfläche heil erreicht hatte: Ich musste zu den Journalisten gehen, den elenden Schmeißfliegen. Ich hoffte, dass Nachbars Lumpi einen fetten Haufen in die Nähe meines Ausstiegslochs gesetzt hatte. Ein Scheißleben, wenn deine Sicherheit von einem Hund abhängt. Selbst für einen Blinden.

Als ich durch die Erddecke stieß, hatte Lumpi mich nicht enttäuscht. Die Fliegen kreisten um die Scheiße, wie … ihr kriegt das Bild.

»McFly!«, brüllte ich dem Reporter zu, der aussah, als wäre er nicht erst seit heute auf der Welt: »McFly, hast du einen Wurm hier oben gesehen? Strammer Bursche, etwa meine Länge. Er heißt Wayne.«

Der Fliegerich landete neben mir: »Hey, Würmli, der Haufen, in dem du da rumwühlst, der ist eine Nummer zu groß für dich. Du könntest einen Partner gebrauchen.«

Ich arbeite ungern mit Insekten zusammen. Flatterhaftes Volk. Aber immer noch besser, mit einer Schmeißfliege gemeinsame Sache zu machen, als die Motten zu kriegen.

Also ließ ich mich mit McFly auf einen Deal ein. Fifty-fifty. Die Hälfte von dem Dreck für ihn, wenn er mir seine Informationen gab. Er war einverstanden: »Pass auf, Würmli, der Typ, dieser Wayne. Man hört Gerüchte. Einige denken, er wäre ein Zauberer. Jemand hat gesehen, wie er sich durch Matsch windet. Nassen Matsch, Würmli! Regen scheint dem Kerl gar nichts auszumachen, er ist so eine Art – Mutant. Vielleicht sogar ein Maulwurf!«

So sind sie, die Schmeißfliegen: Die Fantasie bekommt schnell Flügel, wenn man immer nur um braune Scheiße kreist. »Dieser Wayne ist doch kein Maulwurf. Er ist Ausländer, und die ringeln nun einmal anders als wir. Außerdem hätte sich doch Valerie Wormsworth nie mit ihm verlobt, wenn …«

McFly fiel mir ins Wort: »Valerie Wormsworth? Ich habe ihren Vater gesehen. Unten, am See. Er sah nicht gut aus, lag in einer Art Lagerhaus … oder Frischhaltebox.«

Mehr brauchte McFly nicht zu sagen. Obwohl ich wusste, dass es Irrsinn war: Ich musste zum See, und zwar schnell. Zum Kriechen war es zu weit. Also stellte ich mich tot und hoffte, dass ein größenwahnsinniger Spatz mich aufpicken würde.

Mit ein bisschen Glück würde der mich am See abwerfen. Aber es kam anders.

Eine Stimme aus unvorstellbarer Höhe rief: »*Guck ma', Papa, hier ist noch einer!*«

Eine Menschenhand kam auf mich zu, und dann ging es los, in rasantem Tempo. Mich überkam erst Schwindel, dann Ohnmacht.

5

Als ich wieder zu mir kam, war ich in einer Disco. Alles um mich herum blinkte und glitzerte, aber als ich versuchte, mich durch das Funkeln hindurchzuwinden, stieß ich gegen Wände.

»Würmli, sind Sie das? Ich bin hier, im Fach nebenan«, hörte ich eine Stimme rufen, die mir bekannt vorkam.

»Lord Wormsworth!«, rief ich zurück. »Bleiben Sie ruhig, ich krieche über den Rand!«

Mit aller Kraft wand ich mich über die millimeterdicke Mauer aus Plastik. Auf der anderen Seite fiel ich direkt auf den alten Wurm.

Lord Wormsworth krümmte sich: »Würmli, wir sitzen in der Falle. Es war dieser verdammte Wayne, der mich herausgefordert hat. Er hat gesagt, er wolle mir etwas zeigen. Eine Überraschung. Und die wollte ich sehen!«

Seine Lordschaft wirkte geknickt und noch viel vertrockneter, als ich ihn in Erinnerung hatte. Wir waren dem Tode geweiht, aber dennoch wollte ich die ganze Geschichte hören: »Wo ist Wayne jetzt? Was hat er vor?«

Lord Wormsworth japste: »Wayne ... er hat gesagt, er ist ... ein ... ein Superwurm. Eine besondere Züchtung. Er ist ein Tennessee-Wiggler. Und die können schwimmen. Gerade kam die Hand und hat ihn sich geschnappt. Unsere letzte Hoffnung ist jetzt, dass die Hand Wayne in den See wirft und er es bis ans Ufer schafft, um Hilfe zu holen.«

Dieser verdammte alte Narr! Ich wünschte, ich hätte ihm eine Ohrfeige geben können, aber dieser Programmpunkt fiel aus unterschiedlichen Gründen flach.

»Wormsworth, Sie Idiot! Wissen sie nicht, wo wir sind? Wir sind in einer Angelkiste, und wenn sie uns ins Wasser werfen, dann nur an einem Ha...« Weiter kam ich nicht.

»*Guck ma', Papa, ich glaube, der eine is' schon tot. Sollen wir den anderen nehmen?*«, hörte ich noch, dann kam die Hand. Sie ergriff mich, und ich spürte, wie das kalte Metall sich durch mein achtzehntes Segment bohrte. Dann flog ich wieder. Und landete im tiefen, düsteren Nass. Zum Glück brauchte es nur einen Moment, bis ich mich an die Dunkelheit gewöhnt hatte. Ich spürte schnell, wo der andere Haken war und wer dranhing. Der Kerl, der neben mir schwamm, musste Wayne sein, der Tennessee-Wiggler. Er war mindestens doppelt so lang wie ich, aber ich hatte keine Zeit für Minderwertigkeitskomplexe – ich musste dem Idioten das Leben retten:

»Wayne! Wayne! Du musst dich von deiner unteren Körperhälfte trennen, schnell! Schau, wir hängen nicht weit vom Grund, wir können uns durchgraben, zum Ufer ...«

Wayne Dirtelton grinste irre. »Nein, nein, sieh doch. Ich kann schwimmen! Ich schwimme. Und bald werde ich Valerie heiraten, viele kleine Würmer bekommen mit ihr, und dann ziehen wir weg von diesem lächerlichen Komposthaufen. Ich nehme sie mit auf einen ökologischen Bauernhof, jawohl. Denn die Schrebergärten hier, die werden alle zubetoniert werden, har, har, har!«

Erst jetzt fiel mir auf, dass der Haken Wayne am Kopf erwischt hatte. Wahrscheinlich war seine einzige Gehirnzelle durchbohrt, sonst würde er nicht so einen Unfug reden. Ich strampelte und strampelte, aber ich konnte mich nicht befreien.

Schlimmer wird's nimmer, dachte ich noch, bevor ich den Karpfen sah.

Er schnappte nach mir, und was tat Wayne, der Wiggler? Half er mir? Nein, er sang! Ja, selbst im Angesicht des Todes sang der riesige Wurm noch, er sang eine Weise aus seiner alten Heimat, eine Ode an sich selbst:

The Tennessee Worm is long and lean,
he's the meanest worm you've ever seen,
this might be my death but I tell you what,
I'll return to my Tennessee mud.

So schauerlich war sein Gesang, dass ich fast froh war, dass der Karpfen mich verschluckte. In einem Stück, wenigstens das. Dann flog ich erneut und hörte aus dem Inneren des Fisches draußen die Menschenstimme:

»Nä, kumma, der is' ja noch viel zu klein, den wirft der Papa wieder rein in den Teich.«

Der Karpfen übergab sich und mich ebenfalls. Ich wurde an eine Grasnarbe geschwemmt. Erschöpft lag ich am Strand und sah noch, wie sie den alten Wormsworth aufspießten. Direkt am fünfzehnten Segment. Jetzt war ich zumindest sicher, dass Valerie Wormsworth nie wieder Geschwister bekommen würde.

6

Ich grub mich auf direktem Weg zum Komposthaufen.

Irgendetwas an der Sache stank gewaltig. Wahrscheinlich verschimmelte Äpfel. Trotzdem kroch ich ins Innerste.

Ich fand Valerie Wormsworth. Sie kringelte sich, als hätte sie mich erwartet. Lüstern zugeschleimt räkelte sie sich im Dreck und hauchte: »Nimm mich, Vince.«

Aber das tat ich nicht. Erstens hatte ich sechzehn Schwangerschaften hinter mir, zweitens weiß ich: Lügen haben keine Beine!

»Wolltest du dich nicht mit Wayne paaren, Süße?«

Sie verkroch sich, aber ich ließ nicht locker: »Lass mich raten, Sweetheart, du weißt längst, das er tot ist.«

»Nein, Vince«, schrie die kahlköpfige Schöne, »so war es nicht! Ich liebte Waynes Körper, aber nicht seine Hirnzelle! Unsere Kinder wären nichts weiter als wunderschöne Deppen geworden, die sich auf einem Ökohof abgerackert hätten, wie …«

Für einen nassen Wurm musste ich trocken auflachen: »Wie wir anderen? Tja, das wäre wohl nicht das schlimmste Schicksal gewesen. Falls Wayne, dieser arme Tropf, recht hatte, dann wird dieses Schloss hier bald abgerissen werden. Die Schrebergärten werden plattgemacht. Zum Glück muss dein Vater das nicht mehr mit ansehen.«

Valerie wurde durchsichtig. »Mein Vater? Ist er …«

Sie konnte mich nicht mehr täuschen: »Du bist eine verdammt schlechte Schauspielerin, Kleines. Du hast doch Wayne und deinen Vater gegeneinander aufgehetzt. Du wolltest, dass beide sterben, damit du den Kompost übernehmen kannst. Allein. Mein Gott, wahrscheinlich hast du auch deine Geschwister an die Amseln verraten … du hast ein sehr gestörtes Kopfteil, Zuckerpuppe!«

Valerie lachte. Sie lachte und lachte, und schließlich zischte sie: »Immerhin hat mir niemand einen Haken durch das fünfzehnte Segment getrieben. Ich kann mich noch vermehren, wenn ich will, ich, ich …«

Ich rückte meinen Hut zurecht, ganz ohne Hände. Braucht man Übung zu, und die hatte ich. Unglaublich cool konnte ich deswegen sagen: »Honeypie, ich habe bereits Nachkommen. Und mit denen krieche ich jetzt fort, weit fort, besonders von dir. Du bleibst am besten hier, in deinem goldenen Käfig, auf deinem Land, das du so liebst. Es wird dein Grab werden, Sweetcheeks.«

»Fein«, sagte Valerie kalt, »so soll es sein. Wir Wormsworth-Würmer werden immer den Anfang und das Ende der Nahrungskette bilden. Einen Kreis. Einen Ring. Einen, sie zu knechten, einen, sie zu …«

Ich legte meinen Oberkörper über ihre Mundöffnung: »Psst, Baby, falscher Film. Die Story ist zwar um Längen besser, aber nicht unsere. Die ist hier zu Ende. Farewell, Miss Valerie!«

»Fahr zur Hölle, Würmli.«

Ich kroch nach Hause, um nachzuschauen, ob sie diesen Satz auch irgendwo geklaut hatte.

Es sähe ihr ähnlich.

Zum Glück bin ich blind.

Daher bin ich Schnüffler geworden …

Drehbuch zum Nachspielen –
Im Banne des Hygrometers

Selbsterkenntnis ist der erste Schritt zur Berlinale, deswegen sollten wir uns doch endlich mal kollektiv eingestehen: Wir können nicht wie die Amis. Der groß angelegte Actionfilm zum Beispiel ist überhaupt nicht unser Ding, da mangelt es uns nicht nur an Budget, sondern auch an einem schlagenden Verkaufsargument. Beispiel: Terroristen drohn, am Flughafen JFK eine Bombe hochgehen zu lassen. Die Strategie ist klar: Erst den Präsidenten in Sicherheit bringen, und dann wird zurückgeschossen, präventiv, notfalls auch mit Atomwaffen. Am Ende flattert das Sternenbanner über dem, was mal New Jersey war, und alle wissen: Das war's wert!

Funktioniert hier leider nicht. Beispiel: Terroristen drohn, den Flughafen Berlin-Brandenburg zu sprengen. Ein Vogel zwitschert. Das ist nicht abendfüllend.

Auch von romantischen Komödien möchte ich den deutschen Filmemachern in Zukunft abraten. Die Aufgabe ist schon in ihren Einzelteilen vertrackt, als Kombination hier so nicht lösbar. Wenn Deutsche sich lieb haben, ist das nicht komisch. Da hilft es auch überhaupt nicht, wenn einer der Partner Matthias Schweighöfer in Frauenkleidern ist. Auch ist unsere Streitkultur weder für den intimen Rahmen einer Beziehung noch für die große Leinwand ausgelegt. Wenn eine Frau in einem italienischen Film ihre gesamte Aussteuer zerdeppert, tut sie das mit Leidenschaft, aber auch mit Hintergedanken. In der Zeit, die sonst für den Abwasch draufgegangen wäre, kann sie sich dem Liebesspiel hingeben. Der Tisch ist ja auch schon freigeräumt, bravo, patent, ohne dabei spießig zu wirken! Dann muss man den körperlichen Akt im Anschluss auch gar nicht wirklich zeigen. Da genügt ein Schnitt auf das Gesicht des Gatten, der das in ihm neu entfachte Feuer allein durch sein Mienenspiel darstellt. Es reicht doch, wenn eine Augenbraue zuckt, es müssen ja nicht immer gleich zwei Leiber sein. Immer diese Nackerten im deutschen Film, nur weil wir es dürfen! Ich bin nicht prüde, aber ich will ja noch nicht mal meinen besten Freunden dabei zusehen, geschweige denn Fremden, die nur so tun als ob. Und wenn ich das will, schaue ich mir Material an, bei dem ich noch was lernen kann. Etwas aus der Profiliga, ohne störende Elemente wie Handlung. Filme, die man zwischendurch anhalten kann, um seinen Notizen Zeichnungen hinzuzufügen. Aber wenn nackte Brüste sinnlos baumeln, während weiter oben noch diskutiert wird, ob man den Schaden der Versicherung melden soll, da bin ich raus, auch stimmungsmäßig. Allerdings kann es ja auch immer noch schlimmer enden als im Amateur-Sex-Bereich.

Wenn eine Frau im deutschen Film in einem Handstreich die Kaffeetafel abräumt, wird sie danach oft auch gar nicht begattet, sondern in die Psychatrie gesteckt. Oder ihr Mann sagt: »Ursula, ich verstehe dich nicht mehr. Ich ziehe für eine Weile ins Hotel.« Und das Weib bleibt im Scherbenhaufen sitzen, der als Sinnbild für den Scherbenhaufen dient, welcher ihr Leben ist. Natürlich

sprechen wir hier nicht mehr von einer romantische Komödie im klassischen Sinn. Es sei denn, die Dame im Scherbenhaufen entpuppt sich als Matthias Schweighöfer, der
dann laut sagt: »Gott sei Dank, den bin ich los!«

Roadmovies sind von der Idee her sehr hübsch, in der
Ausführung aber nicht. Man darf in Deutschland ja auch
nur so schnell fahren, weil die Gegenden um die Autobah-
nen herum so hässlich sind. Ähnlich tückisch verhält es
sich mit Coming-of-Age-Geschichten. In einem Land, in
dem man ab dem sechzehnten Lebensjahr legal alkoholi-
sche Getränke kaufen kann, sehe ich da kaum eine Krüm-
mung im Spannungsbogen voraus. Denkbar wäre natürlich eine Gruppe von Schlaubergern, die versuchen, ihren
Helikopter-Eltern zu entkommen, indem sie sich gegenseitig die Mobiltelefone mopsen. Daraus ließe sich vielleicht eine passable Verwechslungskomödie mit Anflügen
von Gesellschaftskritik zusammenschustern, man muss
nur aufpassen, dass man am Ende die Kurve kriegt und
alle doch noch ein Einser-Abitur schaffen. Sehen wir es
ein: Unser Trumpf ist die Düsternis, die plätschernde Tris-
tesse. Setzen wir endlich auf subtilen Grusel, ohne Vampire, die glitzernd in den Bäumen hängen. Besinnen wir
uns auf Technik, die entgeistert, Themen, die uns wirklich
beschäftigen! Wagen wir ein Kammerspiel mit starken
Akteuren, an minimal beleuchteten Originalschauplätzen.

Liebe deutsche Filmschaffenden, mein Geschenk an euch
ist das folgende Drehbuch. Zum Casting habe ich ein paar
Ideen einfließen lassen, aber selbstverständlich muss man
da versicherungstechnisch schauen, wer sich letztendlich
als geeignet herausstellen wird. Wie ihr merken werdet,
ist dieses Projekt gerade für junge, unverdorbene Regie-

anfänger interessant. Kursiv gedruckt findet ihr Tipps und Tricks, wie ihr auch mit kleinem Budget große Effekte erzielen könnt. Die Story trägt sich ja quasi von selbst. Drehen könnt ihr in unserer Wohnung, der Schlüssel liegt unter der Fußmatte.

Der Einfachheit halber ist der Arbeitstitel mit dem finalen Titel identisch, schon deswegen, weil ich die Verhandlungen mit möglichen Merchandising-Herstellern bereits angekurbelt habe. Er lautet:

Swamp City Life – Im Banne des Hygrometers
Hinweis: Diese Geschichte beruht auf wahren Begebenheiten. Um die Überlebenden zu schützen, wurden sie zum Schweigen gebracht.

Szene 1
Wir befinden uns im Industriegebiet einer deutschen Großstadt.

Ein junges Paar steht auf dem Parkplatz eines Baumarktes. Sie wirken gut gelaunt, ja ausgelassen. Aber auf den zweiten Blick erhält das Idyll Risse. Sie haben gar kein Auto dabei, denn sie sind arm. Und sie sind auch gar nicht ausgelassen, sondern kurz vor einem Nervenzusammenbruch. Schlussendlich sind sie auch gar nicht mehr jung, zumindest teilweise. Der Mann *(ich sehe da die Gelegenheit für das Comeback von Keanu Reeves)* will seine Gefährtin aufmuntern.

Keanu: »Komm, Schatz, wir gehen rein.«

Seine Partnerin sieht ihn durchdringend an. *(An dieser Stelle würde ich investieren und Jennifer Lawrence an Bord holen. Erstens sieht sie der Frau aus der Original-*

vorlage sehr ähnlich, zweitens könnt ihr den Preis drücken, im Textbereich, indem ihr einfach die besten Sätze aus ihren bisherigen Erfolgen herausschneidet. So muss sie nichts mehr sagen. Ist ein bisschen Frickelarbeit, lohnt aber den Aufwand.)

Jennifer: »Was wollen wir da? Eine von diesen verdammten Mikrowellen kaufen, damit wir damit die Bude in Brand stecken können? Die Bude wird nicht brennen, ich schwöre es dir.« *(Das kann der Praktikant alles aus* American Hustle *herauskopieren!)*

Keanu sieht seine Partnerin nun verletzt an, geht dann aber entschlossenen Schrittes auf den Eingang zu. Jennifer folgt ihm.

Gemeinsam schlendern sie von der Gartenabteilung durch den Sanitärbedarf bis zum Holzzuschnitt. Beide wirken gelöster, im Hintergrund erklingen die ersten Töne von *Memories* in einer Coverversion der »Nine Inch Nails« *(Anfrage ist bereits abgeschickt, warte auf Antwort. Wenn die es nicht machen, dann bestimmt Marilyn Manson).*

Jennifer lacht in Zeitlupe und wirft den Kopf in den Nacken. Keanu schaut verliebt. Dann fällt sein Blick auf ein Produkt in der Regalmitte, das magisch zu glitzern scheint.

Keanu: »Sind das Hygrometer, Schatz? Also die Dinger, die wir schon vor Jahren in unserer Wohnung aufstellen wollten, um zu schauen, ob sie wirklich so feucht ist wie … ein Surfbrett im kalifornischen Morgentau?« *(Statt Schweinkram kann man auch mal Poesie wagen! Außerdem will ich hören, wie Keanu Reeves das auf Deutsch sagt.)*

Jennifer: »Ja, das sind sie. Das sind sie. Und wenn wir nicht wollen, dass sie uns holen, holen wir sie uns.«

Sie kniet vor dem Regal nieder und summt eine Melodie, erst lustlos, aber schließlich singt sie sogar. *(Im Prinzip singt Jennifer gerne. Sie wird erst bocken, aber sagt ihr einfach, sie kriegt kein Eis, wenn sie es nicht macht.)* Als die alte Weise vom *Holzmichl* erklingt, legen die Mitarbeiter aus der Parkettzuschnitt-Abteilung als Erste ihre Arbeit nieder. Jennifer und Keanu greifen sich zwei Hygrometer und gehen mit erhobenen Häuptern Richtung Kasse. Alle Kunden und Mitarbeiter folgen ihnen, alle summen. Als unser Paar mit Bezahlen dran ist, stehen wohl Zehntausende hinter ihnen. *(Tipp: Am Samstag ist es voll im Baumarkt. Einfach durchsagen lassen, dass es im Eingangsbereich Thermomix-Duplikate für 500 Tacken gibt, dann Kamera draufhalten. Die anschließende Massenschlägerei ruhig mitfilmen, kann man später noch gebrauchen. Dann aber nix wie weg da!)*

Szene 2
Unser Paar betritt seine Wohnung. Sofort kräuselt sich beider Haupthaar zu amtlichen Afrofrisuren. Eine seltene Orchideenart vermehrt sich prächtig unter der Küchenspüle. Jennifer seufzt, hält ein Wasserglas an die Wand und sieht zu, wie es sich füllt. Dann klopft sie mit einem Besenstil an die Decke, von dort aus fallen klimpernd ein paar Eiswürfel ins Glas. *(Dabei sollten keine Special Effects vonnöten sein. Schön wäre auch, wenn Keanu seinen Ledermantel aus der Matrix-Reihe mit ans Set bringen könnte. Dann sieht er fast aus wie Shaft. Fände ich persönlich lustig.)*

Keanu: »Baby, ich weiß, die Bude hatte schon immer ihre Macken. Aber jetzt wird alles besser. Vertrau mir.«

Jennifer guckt vertraulich. Keanu packt die Hygrometer aus. Ohne die Gebrauchsanweisung zu lesen, weiß er Bescheid: »Der Trick besteht darin, dass die Luftfeuchtigkeit nicht mehr als 65 Prozent betragen darf. Das bekommt man hin, indem man lüftet. Oder die Heizung höher dreht. Denn wo geht Feuchtigkeit hin?«

Jenny: »Wohin geht Feuchtigkeit? Keine Ahnung, vielleicht shoppen?«

Keanu (nicht oberlehrerhaft, sondern sympathisch): »Nein, Feuchtigkeit geht dahin, wo es am kältesten ist. Da, schau.«

Keanu zeichnet physikalische Formeln mit einem Stöckchen in den Sand. Im Hintergrund rauschen Wellen. *(Vielleicht lässt sich hier mit Outtakes aus* Gefährliche Brandung *tricksen. Sonst ist am Ende der Straße ein Spielplatz, da gibt es Sand!)*

Jennifer nickt schließlich, Keanu nimmt ihre Hände in die seinen. »Also, vergiss nicht: Das Hygrometer darf nie mehr als 65 Prozent Luftfeuchtigkeit anzeigen. Es ist ein bisschen wie in dem Film *Speed*, nur ohne Bus.«

Jennifer: »Und ich bin Sandra Bullock?«

Keanu: »Genau. Und ich bin dann mal weg.«

Abgang Keanu. Der Zuschauer fragt sich, ob er jemals wiederkommt.

Szene 3

Jennifer ist allein zu Haus. Unruhig läuft sie von der Küche ins Schlafzimmer und wieder zurück. Zoom auf die Hygrometer. Beide zeigen eine Luftfeuchtigkeit von 64 Prozent an. Jennifer handelt präventiv. Sie reißt die Fenster auf, schnappt nach Luft. Zoom auf die Küchenuhr. Sie tickt und zeigt eine Zeit an. *(So ein Topgerät ist vor Ort!)* Jennifer sitzt in dicke Wolldecken gepackt am Küchentisch und fröstelt. Dabei müsste sie eigentlich arbeiten. Sie ist eine schwer beschäftigte, enorm kreative Frau, die imstande wäre, die Welt zu retten oder wenigstens ein Buch zu Ende zu schreiben, wenn sie nicht auf die Hygrometer schauen müsste. Endlich zeigen beide Geräte eine Verbesserung des Raumklimas an. 58 Prozent Luftfeuchtigkeit in beiden Räumen. Jennifer schließt die Fenster mit steifen Fingern. Sie fragt sich, ob sie je wieder wird Klavier spielen können. Jennifer wirft den Wasserkocher an, ein Fehler. Sofort rotieren die Anzeigen der Hygros, wie wir sie ab jetzt der Einfachheit halber nennen, die Anzeigen springen auf 66 Prozent. Jennifer springt auf, dreht die Heizung hoch, öffnet die Fenster erneut. Das Telefon schrillt. Keanu ist dran.

Keanu: »Hey, Babe. Ich wollte nur wissen, wie es so läuft.«
Jennifer: »Was soll wie laufen? Wie soll was laufen?«
Keanu: »Na ja, wie ist das Raumklima? Ist es besser geworden, seit du regelmäßig lüftest? Kann ich dem Vermieter melden, dass wir die Sache jetzt im Griff haben?«
Jennifer: »Mein Name ist Katniss Everdeen. Ich melde mich freiwillig als Tribut.«
Keanu: »Okay, Schatz, ich muss Schluss machen. Bis später.«
Jennifer sackt in sich zusammen. Ihr ist eingefallen, dass sie nie Klavier spielen konnte.

Szene 4

Jennifer wirkt matt. Mit aufgesprungenen Lippen und rot geäderten Augen wippt sie katatonisch auf ihrem Stuhl herum. Das Bild wird aufgerissen, wir erkennen, dass Jennifer ihr Büro nun in dem Türrahmen zwischen Küche und Schlafzimmer führt, um die Hygros besser zu kontrollieren. Der Zuschauer bekommt eine leise Ahnung davon, dass sich das Machtverhältnis in dieser Wohnung verschoben hat.

Keanus Stimme erklingt vom Anrufbeantworter: »Ah, Schatz, ich lese gerade bei der Arbeit, dass es oft am Badezimmer liegt, wenn die ganze Wohnung feucht ist. Ein sicheres Indiz dafür wäre auch, dass wir da keine Silberfische haben, sondern Goldfische.«

Jennifer schleppt sich mit letzter Kraft ins Badezimmer. Als sie das Fenster dort öffnen will, kommt es ihr entgegen. Das Scharnier ist durchgerostet. Draußen regnet es. Jennifer will weinen, aber dann, so ist ihr klar, schwimmt das ganze Haus weg. Und sie ist unterversichert. Sie stemmt sich gegen das Fenster und bricht es aus dem Rahmen. *(Vielleicht könnte sie danach noch mal etwas singen, das zur Ambivalenz der Situation passt:* It's Raining Men?*)*

Schnitt auf die Hygros: Fies grinsend, zeigen sie beide 70 Prozent Luftfeuchtigkeit an.

Szene 5

Jennifer schaufelt Katzenstreu in ihre Wohnung. Säckeweise. Er verklumpt sofort zu riesigen Bällen. Sie fährt zum Kreativmarkt im Viertel und verkauft die noch feuchten Bälle als Biomöbel, für zehn Euro das Stück. Als sie nach vier Minuten alle Ball-Möbel verkauft hat, wird ihr bewusst, dass sie das verklumpte Streu auch für das Zehnfache hätte verscherbeln können. Sie ärgert sich. Als sie den Kreativmarkt verlässt, sehen wir, wie die Möbel für 4000 Euro das Stück immer noch wie warme Semmeln weggehen. Nach dem Verkauf werden die Bälle nicht sehr fachgerecht zerhackt, in Öl gesotten und als »die neue fleischlose Alternative, laktosefrei« für zehn Euro pro Portion angeboten. *(Einfach Katzenstreu kaufen, Bällchen formen und: draufhalten!)*

Szene 6
Jennifer hört den AB ab. Keanu sagt, dass er das Wochenende zusammen mit ihr in einer Wüstenregion verbringen will. Alles, was Jennifer noch tun müsse, wäre, die Reise nach Dubai im Radio zu gewinnen. Jennifer ruft im Radio an. Sie kommt durch. Die Quizfrage, die sie beantworten muss, ist eine Scherzfrage und lautet:
»Was hoffen die meisten Frauen in Deutschland, wenn sie zum ersten Mal einen Erotikfilm sehen?«
Jennifer muss raten: »Dass die Frau nicht Matthias Schweighöfer im Fummel ist. Nein, halt, ich …«
Radiomoderator: »Leider falsch. Die Antwort lautet: Sie hofft, dass der Klempner wirklich da ist, um den Wasserhahn zu reparieren. Hahahahaha!«
Jennifer legt auf und schnitzt den Namen des Moderators in ihren Küchentisch. Damit sie ihn nicht vergisst, am Tag der Abrechnung.

Szene 7

Jennifer steigt in einen Bus. Als sie den Tachometer sieht, denkt sie an Keanu und die Hygros und will wieder nach Hause, aber der Fahrer lässt sie nicht. Vorne kein Ausstieg.

Szene 8

Jennifer sitzt auf dem Trockenen, in einem Hotelzimmer in der Pampa. Sie schreibt ein Buch. *(Hier nicht künstlich dehnen, das ist nicht glaubwürdig.)*

Szene 9

Jennifer kehrt heim. Keanu hat aus der Wohnung eine Sushibar gemacht. Frischer geht's nicht. Beide tanzen. Nur vertikal. Sie lächeln. Denn wir wissen ja, dass sich Sex zu 90 Prozent im Kopf abspielt, und wenn wir das hören, sagen wir nicht, wie meine damals zehnjährige Schwester: »Was? Igitt!«

Am Ende stellt sich heraus, dass keiner von beiden Matthias Schweighöfer ist. *(Und wenn er noch so sehr um die Rolle bettelt: Haltet ihn da raus und das Set sauber!)*

Küchenpsychologie

Je länger ich meinen Rentenbescheid anschaue, desto klarer wird mir: Ich muss schnellstens lernen, mit größeren Messern umzugehen.

Um das, was es zu häuten und zerhacken gilt, werde ich mich später kümmern. Viel wichtiger ist, dass mein Text sitzt, den ich noch während des Gemetzels an die Öffentlichkeit richten werde: »So, hier, zack, zack, immer schön mit dem Krallengriff, machst du einfach genauso weiter, schöne, gleichmäßige Würfel. Applaus, bitte!« Ich kann hören, wie der Beifall ausbleibt. Vielleicht ist die Nummer doch wirkungsvoller, wenn man das Opfer, eine gemeine Zwiebel, in Großaufnahme zeigt. Ein aufgepeitschtes Publikum könnte auch hilfreich sein.

Manch einer wird sich nun vielleicht fragen: »Wie naiv ist diese Frau eigentlich, dass sie denkt, sie könne der Altersarmut entkommen, indem sie im Fernsehen kocht? Erstens hat sie gar keine Ausbildung, zweitens ist der Markt fast so gesättigt wie die Zuschauer!« Diesen Zweiflern möchte ich entgegnen: Euch fehlt der Weitblick. Mir ist vollkommen bewusst, dass es in diesem Land mittlerweile mehr Studioküchen als Küchenstudios gibt. Und zu jeder Tageszeit kochen da Promis neben Profis, Sterneköche für Sternenkinder, Amateure mit Ambitionen und der Henssler gegen den Häcksler. Auf irgendeinem Sender wird immer um die Wette gegrillt oder alternativ ein veganes Spanferkel aus Tofu nachgeformt. Im Universum der telegenen Küchenkasper kann man mehr illustre Charaktere sehen als bei *Game of Thrones*: Die alten Weisen mit den lustigen Bärten, die Gewürzkönige, Aroma-Schamanen, Brutzelwichte, Schwiegermutterlieblinge, die immer lächelnden Backfeen und die Liga der astreinen Psychopathen. Zu viele Köche, die kurz davorstehen, den Brei gründlich zu verderben. Denn tatsächlich ernähren sich die Deutschen so fett und ungesund wie noch nie und veredeln ihr billig eingekauftes halb Schwein, halb Antibiotika-Hackfleisch mit Geschmacksverstärkern aus der Tüte, wenn sie nicht direkt zur Fast-Food-Kette watscheln, um den eigenen Herd sauber zu halten.

Diese Entwicklung hat die besten Fernsehköche wütend oder aber traurig gemacht, ein Schisma war die Folge. Die Wütenden sind jetzt in Formaten zu sehen, in denen sie uns Couch-Potatoes mit der Moralkeule in Grund und Boden stampfen. Kopfschüttelnd erklären sie dort den kausalen Zusammenhang zwischen Milch und Kuh, besichtigen in neuwertigen Gummistiefeln Mastställe und führen anschließend vor, wie man die Biorindersteaks in Gefriertüten verpackt, nämlich einzeln. Bewegte Bilder, die aufrütteln. Wenn man sieht, wie der Malcom X der Fernsehköche seinen Testessern zunächst die Augen verbindet, sich aber dann nicht entblödet, vor der wortwörtlichen Blindverkostung den von ihm kreierten Nachtisch mit einem Minzzweiglein zu dekorieren, fühlt man sich nur noch so mittelschlecht.

Die Traurigen haben hingegen eingesehen, dass man nicht bei Adam und Eva anfangen kann, wenn man Krethi und Plethi ansprechen will. Also gehen sie zu Rita und Horst. Die betreiben ein Restaurant in der Provinz, oder besser noch: eine Kantine, die immer in der Nähe von Berlin liegt. Horst kommt eigentlich vom Bau, Rita vom Friseur. Was das Paar dazu bewogen hat, in die Gastronomie einzusteigen, wird durch einen O-Ton klargemacht, den Horst verschämt in die Kamera murmelt: »Wir haben gedacht, essen tun die Leute immer.« Ist richtig, aber eben nicht alles. Der Jargon der Restaurant-Retter ist schnell gelernt: »Die Karte ist zu groß.« Das bedeutet nicht etwa, dass das physische Format der Schnitzelliste Probleme bereitet, sondern dass eine Doppelstunde Mathe für Zweitklässler ansteht: »Horst, zähl doch mal bitte durch, wie viele Gerichte stehen hier?« Horst schätzt lieber: »Hundertsechzig?« Die Restaurant-Retter nicken, dass ihre Bärtchen nur so wippen. »Genau. Und wie viele Köche habt ihr?« Dieses Mal rechnet Horst scharf nach: »Einen, wenn die Rita da ist.« Die Retter heben die Augenbrauen so hoch, dass sie unter ihren frechen Totenkopf-Kopftüchern verschwinden: »Und, Horst, was fällt dir auf? Das ist zu viel, oder?« Horst bricht zusammen. Um ihn wieder aufzubauen, wird der Gastraum neu gestrichen. Schön modern, um mal einen neuen Spirit da reinzubringen, und in einer Farbe, die mit der Pastinakensuppe korrespondiert, die jetzt gemeinsam gekocht wird. »Ist total lecker«, schwärmt Rita, »und ja, ich könnte mir vorstellen, dass die Kundschaft das gut aufnimmt.« Ja, am besten mit einem Löffel, will man da denken, wird aber dabei unterbrochen, weil die Restaurant-Retter ja das große Ganze sehen: Damit der Laden wirklich brummen kann, muss sich auch innerhalb der Beziehung von Horst und Rita etwas ändern. »Ihr müsst privat Zeit miteinander verbringen«, rät der grauhaarige Guru, der laut Wikipedia glücklich verheiratet ist, wahrscheinlich weil er tagein, tagaus mit zwei Kollegen im Einsatzwagen über Feldwege holpert.

Da fühlt man sich leicht bevormundet. Wie aber kommen die Sender darauf, dass das Publikum genauso onkelhaft fies wie der durchschnittliche TV-Koch ist und deswegen gleich rachsüchtig wird? Sind wir nicht! Egal, in welcher Form ihr uns den näselnden Tausendsassa anbietet! Da kann der Mann Kochschulen eröffnen, höchstselbst Eintöpfe beleidigen gehen oder die Kritik anderer als »gemein und geschäftsschädigend« entlarven. Meinetwegen kann er im Zuge seiner Mission auch Horst zum Friseur und Rita auf oder in den Bau schicken, solange er sein betroffenes Gesicht nicht immer wieder in die Kamera hält. Ganz uneitel hat der Mann das mittlerweile halbwegs eingesehen und verkleidet sich nunmehr, bevor er Fraß testet. Stundenlang sitzt er in der Maske, um dann mit völlig Fremden, also neuen Freunden, in einem Lokal zu speisen. Getarnt mit Kassengestell und Fatsuit, will er wissen, »ob ich hier genauso nett und zuvorkommend bedient werde, als wenn ich jetzt als ich selbst hier wäre«. Und siehe da, das Servicepersonal ist meist viel netter, zumindest bis der kostümierte Gourmet seine Bestellung aufgibt. Denn bei aller Liebe zum Detail hat man bei der Verwandlung vom Sternekoch in einen Otto Normalgast vergessen, dem Herrn einen Stimmverzerrer mitzugeben oder ihm Schauspieltraining angedeihen zu lassen. Aber es freut den schmucken Silberrücken immer, wenn er auffliegt. Dann kann er Azubinen umarmen und denen zuraunen: »Das bleibt aber unser kleines Geheimnis, nichts der Chefin verraten, versprochen?« Da denkt sich manche Kellnerin doch: »Vielleicht schule ich doch noch auf Stripperin um, da muss ich wenigstens keine Grillplatten balancieren.«

Natürlich kann man als Fernsehzuschauer dem Elend entfliehen, durch sanften Druck auf die Fernbedienung. Aber die Konkurrenz kann nicht entfliehen, die setzt das massiv unter Druck. Nun schickt sie auch ihren besten Mann los, damit der Küchenhilfen durchknuddelt, aber noch herzlicher und nachhaltiger. Verzweifelt suchen die Produzenten nach Gasthöfen, die noch nicht heimgesucht wurden und in denen nicht nur das Essen übel ist, sondern sich auch mindestens drei zwischenmenschliche Dramen im Hintergrund abspielen. Am besten Intrigen innerhalb der Belegschaft, die sich selbst die Drehbuchschreiber des *Denver Clan* nicht besser hätten ausdenken können. Lokalpolitische Verwicklungen sind auch eine beliebte Zutat, dann kann der Sternekoch beweisen, dass er der Einzige ist, der alle mal an einen Tisch holen kann. Dort werden dann über Generationen währende Stammesfehden von ihm befriedet, Tränen fließen in Zeitlupe, neue Gebäude werden hingegen im Zeitraffer hochgezogen, schließlich wird dem Befreier zu Ehren ein Denkmal auf dem Dorfplatz errichtet. Kein Wunder, wenn man sich da einen Messiaskomplex einfängt. Der würde bei einem durchschnittlichen Medienmenschen wahrscheinlich nicht einmal besonders auffallen, aber bei Köchen schon. Die wollen irgendwann kochen. Das liegt in ihrer Natur. Doch nach all den Jahren, in denen sie sich durch Kantinen gekuschelt, Scheiterhaufen mit Fertiggerichten angefacht und sämtliche privaten, buchhalterischen und innenarchitektonischen Probleme von Aalsdorf bis Zwickau gelöst haben, ist da vielleicht etwas Grundlegendes verloren gegangen. Und da komme ich ins Spiel. Mit meiner Zwiebel. Das Konzept meiner Sendung basiert auf Zuckerbrot und Peitsche, was übrigens auch der Arbeitstitel ist. Sobald ich einen berühmten Fernsehkoch für länger als zwei Tage, nicht auf dem Bildschirm erblicke, schlage ich zu. Aller Wahrscheinlichkeit nach kann ich sie in ihren Sterne-Restaurants auftreiben, die sie ja bei all dem Stress angeblich immer noch betreiben. Dort werde ich die wimmernden Bündel hinter ihren Öfen hervorholen und ganz lieb fragen: »Na, wollen wir nicht mal was zusammen kochen? Was ganz Einfaches? Spaghetti Bolo vielleicht?« Dann werden die ehemaligen Retter selbst gerettet. Ich zeige ihnen die Basics, die sie längst vergessen haben: »Guck mal, für die Zwiebel nimmst du am besten ein gaaanz großes Messer, und dann, zack, zack, feine gleichmäßige Würfel, siehst du? Fein machst du das!« Und wenn einer von ihnen dann zusammenbrechen sollte, lasse ich ihn erst von einem meiner Security-Männer ordentlich durchknuddeln, und dann sage ich ihm: »Weißt du was? Du kannst auch das kleine Messer nehmen. Sieht nicht so toll aus im Fernsehen, aber wir wollen ja heute auch noch essen. Außerdem ist es komplett wurscht, ob die Würfel gleichmäßig sind. Wir machen Nudeln, kein Ikebana!«

Ponysuppe

Wahre Liebe bedeutet, dem Partner zu gestehen, dass du *Der Herr der Ringe* nicht gelesen hast. Das lässt du dann ein paar Jahre sacken und räumst in einem günstigen Moment ein, auch die Filme nur zum Teil angeschaut zu haben. Zu eineinachtzehntel Teilen, um genau zu sein. Und an dieser Stelle muss dann detailliert und lückenlos gebeichtet werden, wie es dazu kommen konnte. Im Grunde war es ein Justizirrtum. Als ich mir durchaus freiwillig und nur leicht bekifft *Die zwei Türme* im Kino ansehen wollte, wurde ich nämlich kurz nach Beginn des Hauptfilmes des Saales verwiesen. Offizieller Grund dafür war Ruhestörung im Tathergang mit Vandalismus, aber im Grunde war es eine ungünstige Verquickung von Popkultur-Phänomenen und meiner albernen Freundin Felicitas. Als nämlich zum ersten Mal der Zauberer Saruman ins Bild kam, kicherte die.

Ich: »Was?«

Felicitas: »Nee, schon gut.« Kicher, kicher.

Ich: »Was denn?«

Felicitas: »Hgnf. Der sieht aus wie Cher in dem einen Video.«

Ich: »Äh, so gar nicht, Feli.«

Felicitas: »Doooch. Denk dir den Bart weg.«

Ich dachte mir den Bart weg. Hihi.

Ein paar Elben drehten sich zu uns um und fragten säuerlich: »Darf man mitlachen?«

Felicitas: »Dürfen ja, aber ich weiß nicht, ob ihr könnt.« Höhöhö.

Die Elben wandten sich wieder der Leinwand zu.

Dort fragte Saruman seinen Kollegen Gandalf, ob der junge Frodo stark genug sei. Felicitas krakeelte: »Cos I'm strong enough, to live without you ...«

Das war's dann. Felicitas singt echt noch beschissener als ich, und das ist wirklich traurig. So traurig, dass ich vor lauter Gackern meine Popcorntüte fallen ließ, nur leider nicht auf den Boden, sondern auf die Elben. Und es war kein Popcorn, sondern Cola.

Als ich meinem Freund das alles erzählte, war er sehr verständnisvoll. Also, nicht bei dem Punkt, was die frappierende Ähnlichkeit eines bartlosen Zauberers mit der platinblond perückten Cher anging. Auch hegte er Zweifel daran, dass Felicitas wirklich noch schlechter sang als ich, aber ihm war vollkommen klar, dass wir uns »Der Hobbit« nicht im Kino anschauen konnten. Er wagte zu behaupten, mir fehle ganz offenbar die geistige Reife, um mir bedeutende Fantasyfilme in der Öffentlichkeit anzusehen. Ich bemerkte, dass wir dann ja wohl weiterhin super zusammenpassten, denn er schaffe es aufgrund seiner physischen Reife auch nicht mehr, drei Stunden lang in einem Kinosessel zu hocken, weil er eh einpennt.

Leute, konstruktive Kritik ist sooo wichtig in einer Beziehung. Nur wer die Schwächen des Partners offen zugibt, kann auch die gemeinsamen Stärken finden. Unsere ist Netflix. Und heute ist *Der Hobbit* dran. Vereinbarte Rahmenbedingungen: Mein Freund nickt nicht dabei ein, und ich halte die Klappe. Ein Kinderspiel, von meiner Seite aus. Ich muss nämlich gar nicht immer alles kommentieren, was ich sehe, nein. Außerdem liebe ich Fantasyfilme, jawohl! Ich habe Neigung und Talent, mich vollkommen von Zauberwelten einsaugen zu lassen, und wenn ein Drache mitspielt, bin ich eh dabei bis zum Abspann. Solange da nicht neun Stunden lang Filmmaterial und Besetzung verschwendet werden, nur um am Ende ein Stück Altmetall in einem Vulkan einzuschmelzen.

Mein Freund fragt: »Dir ist schon klar, dass *Der Hobbit* die Vorgeschichte zu *Der Herr der Ringe* ist?«

Ich nicke eifrig.

»Und dass dein Sprechverbot jetzt beginnt?«

»Jajajaaa«, sage ich, und mein Freund drückt den Startknopf. Schade, ich wollte noch ein bisschen angeben und Bescheid geben, dass ich den *Hobbit* natürlich gelesen habe, als ich zwölf war. Ich erinnere mich daran, etwa drei Tage dazu benötigt zu haben, das Buch komplett durchzulesen. Peter Jackson geht es etwas gemütlicher an. Bisher sind schon dreiunddreißig Minuten vergangen, und die ganze Bagage hängt immer noch im Auenland ab. Aber ist schon logisch, die Produktion von *Herr der Ringe* war unfassbar teuer, da hält man halt so lange auf Kulissen und Schauspieler drauf, bis die zusammenbrechen. Ist ja auch immer noch ein Wirtschaftsfaktor, für Neuseeland. Da kann man ruhig ne knappe Stunde zeigen, wie eine gemischte Fabelwesengruppe zu Abend isst, letztendlich rentiert sich das, wenn alle Leute auch für die Prequels dreimal Kinokarten mit Überlängenzuschuss bezahlen.

Da es mit der Handlung nicht so recht vorwärtsgeht, schwelge ich ein wenig in der Deko. Und es ist ja auch alles herzallerliebst ausgestattet, Hingabe zum Detail, allein die Bartfrisuren der Zwerge. Da bekommt man gleich Lust darauf, Hefezöpfe zu backen. Oder Hefezöpfe zu essen. Oder überhaupt was zu essen, möglichst keine Hefezöpfe, sondern vielleicht was mit Fleisch. Eine Wildschweinpastete mit ganzen Früchten oder so. Ich bekomme Hunger, aber da auch Magenknurren als verbale Äußerung zählt, unterdrücke ich es mit aller Macht.

Der Appetit wird mir schon noch vergehen, denn bald kommen ja die Trolle, und einer von denen rotzt ja direkt in die Ponysuppe. Ich lobe mich innerlich für mein gutes Gedächtnis, aber bemängele gleichzeitig den Begriff »Ponysuppe«. Die Pferdchen der Zwerge landen ja gar nicht wirklich in der Suppe, sondern werden im letzten Moment verschont. Weil Trolle eben unsagbar doof sind. Könnten die wenigstens richtig kochen, hätten die direkt einen Ponyfond angesetzt, da setzen sich die Röstaromen viel besser durch, aber nein, sie wollten die Ponys erst nachher dem Sud beimengen, aus dramaturgischen Gründen, wie sich später zeigen wird. Aber ich will ja nicht spoilern. Ich will was essen. Ich werfe einen flüchtigen Blick auf meinen Freund. Er sieht lecker aus, so mit halb geschlossenen Augen, aber da ich nicht sprechen darf, trete ich ihm nur kurz ins Kreuz. Es läuft zwar ein Wettbewerb zwischen uns, aber Liebende unterstützen sich immer noch gegenseitig. Ich überschlage, wie lange es in Peter Jacksons Tempo noch dauern wird, bis die Trolle am Lagerfeuer sitzen und ihre Menüplanung von Ponysuppe zugunsten von Zwergerlspieß umschmeißen werden. Wohl noch eine gute Stunde. Bilbo Beutlin ist gerade erst bei seiner Rechtfertigungsrede angelangt, von wegen, er sei zwar jung, aber eben ein Hobbit, und die sind angeblich dazu geboren, in Höhlen abzuhängen, Marmelade einzukochen und Spitzendeckchen zu klöppeln. Alter, was ist denn das für ein Film! Dann könnte ich mir auch gleich *Backen mit Enie van de Meiklokjes* angucken, wenn ich auf so einen Tantchenkram stünde. Problem ist: Ich steh voll drauf. Und auf Highschoolfilme. Da kommt es immerhin zu unvorhergesehenen Wendungen. Na ja, zu Wendungen zumindest. Also, da passiert wenigstens mal was. Die Helden lassen sich auch nicht so lange bitten. Aber hier, der feine Herr Beutlin, der fühlt sich nicht mal durch zwölf Zwerge und einen Zauberer angespornt, die Welt zu retten, obwohl die alles versuchen, um ihn hinterm Ofen hervorzulocken: Schmeicheln ihm, er sei ein Meisterdieb. Sie singen sogar drohend. Aber nein, der kleine Kerl ist bockig. Endlich, endlich rennt er der Karawane hinterher, in sein Abenteuer. Was ihn letztendlich zu diesem Entschluss trieb, bleibt unklar. Wahrscheinlich die Alternative, die verwüstete Wohnung alleine aufräumen zu müssen. Was hat das denn mit Fantasy zu tun? So einiges, dämmert mir. Innerlich lache ich über die Diskussion der Altersfreigabe. Ob der Film wirklich für Kinder geeignet ist? Na ja, ich sage mal so, wenn Sie da Ihren zwölfjährigen Sprössling reinschicken, dann sollte die Familienplanung abgeschlossen sein. Kommen Sie bloß nicht auf die Idee, einem Kind, das Gollums ansichtig wurde, einreden zu wollen, dass es lieb zu dem neuen Baby sein soll. Dieses haarlose, großköpfige Ding, das in einer Tour schrill quäkt? Baby, na klar!

Der Film *Der Hobbit* ist auch nichts für Jugendliche. Also für Leute, die nach 1980 geboren wurden. Oder für Frauen. Nein, *Der Hobbit* ist reine Männersache: Bilbo Beutlin repräsentiert den mittelmäßig motivierten Midlife-Crisler, der maulig durch die mittelalterliche Mittelerde mäandert. So geht Fantasy, im Gegensatz zu Märchen-Kitsch. Die Fantasten brauchen da keine wunderschöne junge Maid, die immer anständig, fleißig und gut gelaunt ist, nein: Es reicht schon, wenn man einen Hauch gepflegter als ein Wurzelzwerg daherkommt und mal so mitläuft. Und wenn's schiefgeht, sind die anderen schuld. Das ist die amtliche Definition von *Antiheld*, da ist man fein raus, versicherungstechnisch gesehen.

Und nein, ich werde meine Thesen jetzt nicht laut aussprechen oder gar an den Plasmafernseher nageln. Stattdessen widme ich mich der tieferen Analyse des Fantasyfilms an sich und versuche, gleichzeitig herauszufinden, wie sich *Der Hobbit* vom Genre abhebt.

Also, die Ansiedlung des Plots in einem gefühlten Mittelalter würde ich jetzt nicht als sonderlich einfallsreich bezeichnen. Aber es ist natürlich verständlich, weshalb die Autoren so gerne Stoff aus dieser Epoche in ihrer Parallelwelten teleportieren. Im Mittelalter gab es einfach alles, was man brauchte, aber noch war nix erfunden, was einen Mann nervt. Und wenn doch einmal irgendetwas auftaucht, was noch nicht da gewesen sein kann, sagt man einfach: »Ist doch Fantasy, duuuuuuh.«

Wenn ich mal fünfhundert Jahre in einem Absatz zusammenfassen darf: Das echte Mittelalter waren die 1980er-Jahre der Gesamtzeitrechnung. Ein jeder war jung und hysterisch oder schon tot. Man traute keinem über dreißig, und wenn man doch mal einen traf, verbrannte man ihn schnell als Hexe. Persönliche Hygiene galt europaweit als reine Zeitverschwendung, Amis gab es noch nicht. Alle stanken also wie die Iltisse, aber das machte nichts, das Volk wurde in Bier ausgezahlt, und zwar so üppig, dass man sich die Frauen nicht nur schön, sondern auch duftig saufen konnte. Kein Wunder, dass auf diesem fruchtbaren Nährboden irgendwann die romantische Liebe wuchs. Laut Überlieferung sangen die Männer über die Schönheit weiblichen Haupthaares und die Lieblichkeit ihrer Gebisse, obwohl das irgendwie nicht sein konnte. Aber die Frauen fanden das nett und sahen über die Prahlereien der Besoffskis hinweg. Wenn die Jungs also behaupteten, sie hätten einen Lindwurm erlegt, und zum Beweis ihrer Tat einen ausgebuddelten Dinosaurierknochen anschleppten, dann dachte sich so manch holde Maid: »Ach Gott, ja, dann schlupfste halt beim Gunter unter, schlimmer geht immer, und Folterknecht ist ein guter Job, so why not?« Keine Ahnung, ob die Damen damals in verunglückten Hip-Hop-Versen dachten, es ist auch schon eine Weile her, dass ich Geschichts-Leistungskurs hatte.

Aber im Großen und Ganzen war das Mittelalter genau so, und mir ist schon klar, dass man nicht den gesamten muffigen Teppich in den Fantasyfilm hinübertragen kann, sondern nur die Seidenfäden herauslöst, um sie zusammen mit reiner Mumpitzschurwolle zu einem zarten Vorhang der Verklärung zu verweben.

Die Frauen wirken gewaschen, und je nachdem, wie gut sie das gemacht haben, dürfen sie als Prinzessin, Fee, Hexe oder Fischweib agieren. Die Männer stinken weiterhin, ist aber nicht schlimm, weil man es erstens nicht durch die Leinwand riecht und sie zweitens auch nie zu Hause sind. Der mittelalterliche Fantasymann ist immer auf Tour, entweder auf Gralssuche, individueller Völkerwanderung oder im Namen des Königs auf irgendeiner sonstigen obskuren Schnitzeljagd. So erhält man Handlung, und die Liebe bleibt frisch.

Bei *Der Hobbit* wurde das Frauenproblem anders gelöst. Es gibt nur eine oder zwei, wenn man das weibliche Pony mitzählt, das allerdings auch durchbrennt, nachdem es der Suppe entkommen ist. Weiber! Die braucht man nicht in der Mehrzahl, da reicht eine große, die sich so gut gewaschen hat, dass sie schimmert! Sie ist folglich eine Zauberin, die so ätherisch und riesenhaft daherkommt, dass niemand mehr an körperliche Liebe denkt. Außerdem kommuniziert sie auch nur mit Gandalf, nämlich per Telepathie, und dann lächelt sie. Eine tolle Rolle. Aber auch ein bisschen bei *Schneewittchen* geklaut.

In der nächsten Szene kraxelt die Zwergenbande einen schmalen Bergpfad entlang, die Ponys hätten sie da eh nicht brauchen können. Genauso wenig wie Frauen. Die Zwerge haben keine Heimat mehr, also sitzt da auch keine, die ihren Tod beweinen könnte. Trotzdem will ich nicht, dass sie den Berg runterfallen und sterben, denn die Zwerge sind ja trotz allem die Guten!

Die Guten sind wichtig bei Fantasy. Fast so wichtig wie die Bösen. Es gibt Grundgute, die ein bisserl deppert sind, und Grundböse, aus denen man das nicht mehr rausprügeln kann. Den Guten wird durch gute Zauberer geholfen, den Bösen durch hässliche. Den Bösen geht es immer nur um Gold, Geld, Macht und Land. Den Guten um materielle Sicherheit, Boden und Ehre. Ehre ist ein geiles Fantasyprodukt, das vielfältig einsetzbar ist und daher auch ohne Probleme in die Realität rübergemacht hat. In beiden Welten gilt Ehre als Freibrief zum Raubmorden, Brandschatzen und Meuchelmorden. Also im Prinzip alles außer Vergewaltigung und Steuerbetrug. Aber Ersteres ergibt sich ja eh, da es beim *Hobbit* ja kein Weibsvolk gibt. Trotzdem wüsste ich mittlerweile gerne, wie die Zwerge sich vermehren. Magie wahrscheinlich. Aber wo lassen sie die ... überschüssige Energie? Ich vermute, sie haben halt viele handwerkliche Hobbys. Da fällt mir ein:

Ein weiteres wichtiges Rüstzeug für einen gelungenen Fantasyfilm: das Rüstzeug. Hach, allein die herrlichen Harnische, das ganze Metall, die wuchtigen Umhänge, die raffinierten Helmmodelle, die Furcht einflößenden Symbole, die aus Teilen anderer Tiere geschnitzten Tierintarsien auf Brustpanzer und Schwertern, die plumpen Äxte, die Schädelspalter, Piktenprügel und die ebenso funkelnden wie todbringenden Morgensterne. Und all das Zeug wird überall mit hingeschleppt.

Alleine vom Hinschauen bekomme ich ja schon einen Bandscheibenvorfall, aber: Genau das wollen Kerle, zumindest sehen. Jeder Mann, der einen Leatherman sein Eigen nennt, möchte aus tiefstem Herzen eigentlich ein Leatherman *sein*. Sosehr ihm jeglicher nutzloser Tand und rein dekorativer Schmuck verhasst sind, sosehr liebt er: Zubehör. Werkzeug. Das kann dann auch gerne in sich hübsch verziert sein, das stört ja nicht bei der Arbeit, im Gegenteil. Durch eindeutige Symbole und Banner in Primärfarben kann man im oft unübersichtlichen Schlachtgetümmel viel besser erkennen, wer aktuell an seiner Seite kämpft.

Und Schlachten: müssen sein, und zwar lang, handfest und brutal. Fantasyschlachten werden damit eingeleitet, dass die Heerführer ihre prächtigen Reittiere vorführen. Da geht alles: Riesenechse mit Sattel aus Krokoleder, flinke, aber doch majestätische Raubkatzen, Kampfelefanten, muskulöse Bärenberge oder zähnefletschende Kampfhund-Mutationen. Nur ein debiler alter Wald- und Wiesen-Zauberer gibt sich mit einem von Häschen gezogenen Energiesparschlitten zufrieden und wird sogar von unserem Bilbo Beutlin höchstens müde belächelt. Der Aufbau und Ablauf einer Hauptschlacht ist im Grunde immer derselbe: Zunächst wird das Fußvolk niedergemetzelt, und wer auf das Reittier des Oberbosses zielt, ist ein feiges Arschloch! Es sei denn, er gehört zu den Guten, dann ist er ein raffiniertes Wiesel, das mangelnde Größe durch total gewitzte Technik wettmacht. Das Ende einer Schlacht wird dadurch besiegelt, dass ein Heerführer fällt, oder eben nicht. Aber keine Sorge, jeder Mann weiß intuitiv, wann eine Schlacht vorbei ist. Notfalls schreit einer für die ganz Doofen »Rückzug, Rückzug!«, woraufhin sich das zusammengeschrumpfte Heer in die Wälder verzieht. Aber es sind ja selten ganz Doofe im Publikum – die, die denken, dass da irgendwie was Psychologisches hinterstecken würde, irgendetwas, was Männer kompensieren müssten, oder so.

Nein.

Eine Schlacht ist eine Schlacht ist eine Schlacht. Da wird man schon einen Grund haben, sich die Rübe abzuschlagen, vielleicht wegen einem bösen Ring oder so.

Oder wegen dieses Überzwergs, hier der Großvater von dem Zwergenprinzen. Ja, da gibt es nichts zu lachen, kleine Leute haben auch kleine Opis. Außerdem hatte der Gandalf ja so ein komisches Gefühl, dass der Drache sich mal wieder regt nach tausend Jahren. Ja, Männer haben auch Gefühle, und zwar nicht nur die hochnäsigen Elben auf ihren schwulen Hirschen!

O Gott, ich habe vor lauter Klappehalten einen Testosteronschub gekriegt! Macho-Spasmen durchzucken mich. Ich möchte Orks verdreschen, und zwar alle. Wie die da schon sitzen und gucken, mit ihren Augen. Ich bin die Gute, ich tue denen auch noch nen Gefallen, wenn ich ihnen die hässlichen Zähne ausschlage. Ich muss irgendetwas tun, bevor ich auf den Fernseher einkloppe. Ich bin im Männerfantasy-Rausch, und ich darf nicht sprechen, sonst habe ich verloren, und zwar alles …

»Mein SCHATZ!«, bricht es aus mir heraus. Der Schrei lässt meinen Freund hochschrecken. Ich habe ihn offenbar geweckt.

Na toll, ich hatte gar nicht verloren, er war schon vorher eingenickt.

»Ich war nur ganz kurz weg«, verteidigt er sich, und ich sage: »Und ich habe nur ganz kurz was gesagt.«

Wir einigen uns auf unentschieden und sehen uns die letzte Szene an, in der die Zwerge von großen Vögeln auf sanften Schwingen in Sicherheit gebracht werden. Gandalf belebt den Zwergenprinzen wieder, der umarmt Bilbo, ey, Freunde, und so. Fehlt noch, dass einer von beiden sagt: »Okay, da bin ich jetzt ein gutes Stück weitergekommen, die Männergruppe hat mir echt viel gegeben heute. Dann bis nächsten Dienstag, soll ich Kekse mitbringen?« Da bin ich doch sehr erleichtert, dass man am Ende noch kurz sieht, wie Smaug das Reptilienauge öffnet, das nenne ich doch mal einen Cliffhanger! Da bekommt man ja direkt voll Bock drauf, den zweiten Teil zu gucken. Läuft der nicht grad im Kino?

»Boah, ich glaube, drei Stunden im Kino halte ich echt nicht mehr durch, du hattest recht«, gesteht mein Freund.

»Dann gehe ich vielleicht mit Felicitas rein.«

»Das ist eine hervorragende Idee«, lobt mein Freund.

Okay, ich geb's zu. Der letzte Satz war reine Frauenfantasy.

Wir dazwischen

Charlie Brown: »Oh nein. Warum regnet es
ausgerechnet jetzt? Warum?«
Linus: »Bedenke, Charlie Brown, es regnet auf die Gerechten
genau wie auf die Ungerechten.«
Charlie Brown: »Ja, aber warum auf uns dazwischen?«

An manchen Nachmittagen, an denen es mit dem Schreiben nicht so vorangeht, suche ich die verwunschenen Winkel der unhippsten Kaufhäuser auf und probiere Ballkleider an. Ich nehme immer so Satin-Monstren in Größe 46 mit in die Kabine, wühle mich durch den Tüll, und wenn ich dann endlich durchs Kopfloch ins Freie geschlüpft bin und den Reißverschluss mit einem einzigen unverhakeltem »Zzzzipp« hochgezogen habe, stehe ich mit aus dem Korsett holpernden Brüsten da und strahle wie geistesgestört mein Spiegelbild an. Ich stelle mir nämlich dabei vor, dass ich gerade 15 Kilo abgenommen hätte. Das nennt man Method-Acting, und es macht wirklich gute Laune. Und die wird noch besser, wenn man sich reinsteigert: »Huch, jetzt passe ich in das alte Kleid ja gar nicht mehr rein. Dabei war es so teuer, 400 Euro, gut, dass ich es nie gekauft habe und nie kaufen werde, passt mir ja gar nicht und wird es auch nie – hoffentlich!« Es ist so ähnlich wie ein Teufelskreis, nur andersrum. Falls ich aber jemals das Wort »Engelskreis« auch nur laut denken sollte, erschießt mich bitte, Esoterik im Endstadium ist hässlich; da krümmt man sich in Regenbogenfarben und kotzt Herzchen unter Facebook-Weisheiten. Das ist dann noch widerlicher anzuschauen als ein lachsfarbener Glitzerfummel, in dem ich aussehe wie Jabba the Hut, der sich als Plunderstück verkleidet auf einen Abschlussball schummeln wollte.

An solchen Nachmittagen denke ich mir, dass Jabba the Hut bestimmt auch umgänglicher gewesen wäre, wenn ihn mal jemand zum Abschlussball eingeladen hätte. Ich wäre es zumindest, aber vorbei ist vorbei, und während andere noch von der Bühne trällern, dass man eines Tages alt sein könne, muss ich mir eingestehen: Baby, du hast den Zug verpasst, obwohl du schon Jahre zuvor am Bahnsteig rumgelungert hast.

Tja. In Gottes großem Gemüsekorb bin ich wohl die Avocado. Birnenförmig ohne Süße, bedenkliches Hautbild, ein Aufkleber im Gesicht, auf dem »Hass« steht, und nicht mal sicher, ob ich wirklich ein Gemüse bin. Drückt man mich, knurre ich: »Ich bin so hart, ich bin so hart, du kannst mich noch nicht essen, ich schmecke scheiße, und du ärgerst dich, wenn du's doch tust, denn dann hast du für 1,99 Euro was gekauft, was wie ein Löffel Mehl mit Lebertran schmeckt.« Und irgendwann halte ich den Druck nicht mehr aus, aber statt mich in bekömmlicher Reife zu ergeben, matsche ich im Todeskampf unter deinen Fingern weg und röchele: »Jetzt bin ich schlecht, zu spät. Und der Kern ist auch schon angeschimmelt, da wird sich jetzt nicht mal mehr ein Waldorfschüler die Mühe machen, mir Zahnstocher durchs Herz zu treiben und zu hoffen, dass ich ein Bäumchen werde, haha!«

An solchen Nachmittagen wird mir klar, dass Grün auch nicht meine Farbe ist, egal, in welcher Größe. Und dass ich hätte zu Ende studieren sollen, oder wenigstens mal richtig anfangen. Dann könnte ich jetzt schon irgendwann meine Masterarbeit abgeben, die so gut wie fertig in meiner Schublade liegt, und heutzutage gibt es bestimmt auch irgendein Wischiwaschi-Fach, auf das mein Œuvre wie die Faust aufs Auge passt. Vergleichende Fernsehserienstudien mit ungeahntem Realitätsbezug, da könnte ich gleich drin promovieren, oder gar habilitieren. Oder emeritieren, wenn man das so nennt. Da liegen nämlich schon einige vielleicht bald viel beachtete Aufsätze parat, welche die gar nicht so erstaunlichen Parallelen zwischen einer Zombie-Apokalypse nach dem Schema von *The Walking Dead* und *Deutschland sucht den Superstar* aufzeigen. Natürlich habe ich auch Wissenswertes zur Beliebtheit von *The Big Bang Theory* bei beiderlei Geschlecht in petto, eine Arbeit, die den doch sehr festgefahrenen Karren namens »Genderstudies« aus dem Morast ziehen wird. Meine Hauptthese ist, dass die Serie den weiblichen Zuschauern allumfassenden Trost vermittelt, indem sie eine simple Wahrheit kommuniziert: Männer sind unpraktisch, daher sollten Frauen die Welt regieren. Da die männlichen Fans das nicht erfassen können oder sollten, wurde dem Plot ein wenig Science-Fiction hinzugefügt, der die Jungs in dem Glauben lässt, dass sie vielleicht mächtig verkorkst sind, es aber immer noch einen schrägeren Vogel gibt, nämlich: Sheldon Cooper, der autistische König der Nerds. Leider hake ich an dieser Stelle etwas, vor allem seit ich festgestellt hab, dass ich im echten Leben der Sheldon Cooper der Steinzeit bin. Also ohne den ganzen Ballast des Fachwissens auf dem Buckel und insgesamt auch eher etwas gröber geklöppelt. Aber auch ich komme mit den Menschen nicht so gut klar. Oder sagen wir mal lieber, mit solchen, die sich dafür halten. Nur weil sie lustige Hütchen tragen und aufrecht gehen. Ich kenne Hunde, die das mitunter auch tun, und obwohl ich zugeben muss, mit manchen von ihnen durchaus höflichen Small Talk betrieben zu haben (»Ja, hallo, wer bist du denn? Ja wer ist denn ein Feiner? Wuff!«), blieb ein nachhaltiger geistiger Austausch auf höherer Ebene doch aus, ebenso wie der Wunsch, ein weiteres Mal beschnuppert und markiert zu werden.

Abgesehen davon, dass ich kein Genie auf irgendeinem nutzbringenden Gebiet bin, habe ich es leider auch nicht so mit Technik. Die schützt ja vor unerwünschten Kontakten, besonders wenn es sich um Kommunikationsgeräte handelt. Es ist gesellschaftlich völlig akzeptiert, zu einem Idioten zu sagen: »Du, sorry, da muss ich mal eben drangehen, es war nett, dich mal wiedergesehen zu haben«, mit dem klingelnden Handy zu winken und nach Dubai zu fliegen. Mein Old-School-Ansatz, um nicht reden oder gar zuhören zu müssen, gilt indes als verpönt. Es gibt ja Leute, die es durchaus gut meinen, genau wie der Hund, der mich neulich am Ehrenfelder Bahnhof an die Wand presste und mir einmal durch den Schritt schleckte. Darüber kann ich lachen und tat es auch. Nicht aus purer Freude über das doch sehr physische Kompliment, sondern aus lauter Verwirrung, und vielleicht auch, weil viele Leute die Szene ungläubig beobachteten.

Nicht lachen kann ich hingegen über plumpe Menschen, die mich fragen: »Ach, lange nicht gesehen. Und, schreibst du schon an einem neuen Büchlein?« Da zeigt mir mein inneres System verschiedene Reaktionsmöglichkeiten an, aber wenn ich die mit Lichtgeschwindigkeit im Kopf anklicke, erscheint sofort eine Fehlermeldung dahinter. Wenn ich also Antwort A eingebe, nämlich: »Büchlein? Schau mich an! Ich habe Schultern wie ein Bierkutscher und den Durst seines Pferdes, mir wohnt nichts Diminutives inne, ich schreibe keine *Büchlein*!«, ertönt ein *Mööööt:* Kannste nicht sagen, Katinka, weil dann alle deine echte Kleidergröße wissen. Zweiter Versuch: »Ja, mein Büchlein ist feini-feini, und du, noch beim Gerichtilein, immer schön mit dem Hämmerchen, klopfi-klopfi nach jedem Urteilchen?« *Mööööt.* Fehler: Wer ab und zu schwarz mit der Bahn fährt, sollte sich mit der lokalen Justiz gut stellen. So wird das nichts. Nächster Versuch: »Ach ne, läuft alles total kacke, der Verlag nervt mich, ich habe eine Schreibblockade, und ich bin nur hier, um meinen Kummer in Alkohol zu ertränken.« *Mööööt.* Selbstmitleid bringt die Leute nur dazu, dass sie mit anderen über dich tratschen. Irgendwann heißt es dann, du würdest zum Weinen in die Ballkleidabteilung von Karstadt gehen. Letzte Möglichkeit: »Weißt du, wenn du ein Hund wärst, dürftest du mich derart rüde konfrontieren, aber weil du's bist, Bitch: Leck mich am Arsch!« *Mööööt. Mööööt. Mööööt.* Systemzusammenbruch wegen gesellschaftlichem Suizidversuch plus völlig verschenktem Wortspiel. Und dann springt mein Bildschirmschoner an. Ich stehe also vor der Person und gucke so, als hätte ich die Escape-Taste gedrückt. Leider bedeutet das in dem Fall nicht, dass ich flüchten konnte, nein, ich bin immer noch da, und da ich eine ziemlich baugleiche Schwester habe, überkommt mich so eine schauderliche Ahnung, wie das dann aussieht. Um es mal so auszudrücken: Wahrscheinlich ist es doch immer besser, aus seinem Herzen keine Mördergrube zu machen, da sich selbige sonst im Gesicht abzeichnet. Man könnte sagen: ist auch ne Antwort. Aber leider löst dieser Killerblick bei den Leuten sofort das Stockholm-Syndrom aus, heißt, die plaudern einfach weiter, als wären wir noch Freunde, und ich nicke ab und an, was die Leute wiederum damit verwechseln, dass ich zuhöre, dabei habe mich dann einfach nur innerlich aufgehangen, flackere noch schwach mit den Augen und bete, dass wichtige Dateien wie »One-Hit-Wonder der 80er-Jahre« nicht verloren gegangen sind. Eine doofe Angewohnheit von mir ist auch, dass ich lächle, wenn ich reboote. Da stelle ich also fest: »Puh, wusste ich's doch: Es war Chesney Hawkes, die alte Hasenfratze, der *The One and Only* gesungen hat, Datei gesichert«, und mein Gegenüber sagt: »Ich wusste, dass du das verstehst. Andere haben da ja echt Probleme mit, aber ich sage: Gerade jetzt muss man doch mal klarstellen, dass da was falsch läuft mit Europa, und wenn die AfD sich da als einzige Anlaufstelle herauskristallisiert …« Und dann möchte ich nur schreien: »Arschloch, Idiot«, aber aus meinem Mund kommt nur: »I am the One and Only!«, und weil das noch peinlicher ist, tue ich so, als wäre ich ganz normal, und sage: »Du, ich glaube, mein Handy hat geklingelt, ich müsste da mal rangehen.« Und das wird abgenickt, bis zum nächsten Mal, tschüss, war nett.

Und dann stehe ich da, an manchen Nachmittagen, Berge von Tüll und Chiffon zu meinen Füßen, und mir wird klar, dass ich mich nicht damit rausreden kann, eine Avocado zu sein. Und nur weil ich nie bei einem Abschluss-ball war, bin ich weder Jabba the Hut noch Sheldon Cooper, sondern irgendwas dazwischen. Ich bin kein sympathischer Autist und auch keine hermaphroditische Nacktschnecke in Übergröße, auch wenn ich mich an manchen Nachmittagen so fühle. Ich bin einfach nur feige, ein bisschen faul und kurz davor, mein Herz zur Massenmördergrube zu machen, daher wahrscheinlich dieses Engegefühl in der Brust. Oder weil ich mich doch in eine 38 gequetscht habe, aus der ich alleine nicht mehr herauskommen werde. Ich fiepe um Hilfe. Und zum Glück bin ich doch nicht ganz alleine im Kaufhaus. »Kann ich helfen?«, fragt es vor der Kabinentür, und ich fiepe abermals. Die Tür öffnet sich, und die Verkäuferin schafft es mit Mühe, ihre Mundwinkel nach unten zu zwingen. Sie stellt sogar fest: »Aber die Farbe steht Ihnen wirklich ausgezeichnet.« Dann hakelt sie den Reißverschluss Millimeter für Millimeter nach unten und konzentriert sich darauf, weder das Kleid zu beschädigen noch eine meiner Rippen zu brechen. Sie ist eine Fachkraft, ihr gelingt beides. »Soll ich es Ihnen noch mal in 40 bringen?«, fragt sie höflich, aber ich schüttele den Kopf, denn so nackig ist mir nicht mehr nach Bullshit zumute: »Ich bräuchte eh ne 42.«

Die Verkäuferin nickt, lächelt, sagt: »Darf ich Sie fragen, warum Sie dann keine Kleider in Ihrer Größe anprobieren?«

Gute Frage. »Weil ich die eh nicht bezahlen kann.«

Schlechte Antwort. Die Verkäuferin meint: »Tja, nächste Woche ist Ausverkauf, da finden Sie vielleicht was. Ist auch mein letzter Tag. Aber da machen wir dann kaum noch Beratung. Ich glaube, da setze ich mich einfach in die Kabine und heule. Und dann besaufe ich mich. Oder vielleicht beides gleichzeitig.«

Ich nicke und lächle, sage: »Das verstehe ich.«

Sie sagt: »Wie schön.« Und schließt die Kabinentür von außen.

Während ich alle Kleider wieder ordentlich auf die Bügel hänge, denke ich darüber nach, was ich der Verkäuferin noch erzählen könnte, zum Abschied, damit sie noch mal lachen kann. Besser nicht die Geschichte von dem Hund am Ehrenfelder Bahnhof. So gut kennen wir uns nicht. Da könnte ich ihr auch gleich durch den Schritt lecken. Es wird ihr auch keine Hilfe sein, wenn ich ihr versichere, dass sie mich nach sämtlichen One-Hit-Wonders der Achtziger fragen kann, falls ihr ein Interpret nicht einfällt. Oder soll ich ihr viel Spaß bei ihrem privaten Besäufnis nächste Woche wünschen? Genau, das wird helfen, Katinka. Am besten erzählste noch, dass du beruflich auch zu hadern hast, das wird sie trösten.

Am Ende hänge ich die Kleider wortlos zurück und gehe ganz schnell nach Hause. Kabinentür zu und Büchlein fertigschreiben.

Ich habe die Seeräuber-Jenny vorbereitet

Man kann mich sehr wohl zu gesellschaftlichen Anlässen einladen. Solange die Musik laut und der Saal unbestuhlt ist, bin ich nicht nur dabei, sondern mittendrin. Ich lerne gerne neue Menschen kennen, aber eher so im westfälischen Stil. Dieser besticht durch seinen herzhaft-rauen Charme, der durch den Verzicht auf jegliche verbalen Anbiederungsversuche erreicht wird: So lobt man stets nur durch Gesten und Mimik den ausufernden Tanzstil des Gegenübers, bestellt dann bald schon gemeinsam durch international gültige Handzeichen neue Getränke, und am nächsten Morgen freut man sich darüber, dass irgendwo in der Stadt eine wahrscheinlich wirklich sympathische Person daniederliegt und unter einem genauso höllischen Kater leidet wie man selbst.

Nicht so gut geeignet bin ich für Tischgespräche mit Fremden. Allzu schnell fällt die Frage, was man denn so mache, und die wenigsten Leute geben sich mit der Antwort »essen und trinken« zufrieden. Es gefällt mir auch nicht, wenn die anderen Gäste erzählen, was sie beruflich so treiben. Angeblich ist es zwar normal, dass jeder Fachfremde etwas nervös wird, wenn jemand aus der Runde zugibt, dass er Psychologe ist. Dann ist es egal, wie lasch das Gemüse gewürzt ist. Keiner greift zur Peugeot-Pfeffermühle, weil die dann plötzlich nicht mehr affig, sondern nur noch phallisch wirkt. Leider sind es erschreckend viele Berufsgruppen, die bei mir Symptome auslösen. Ist jemand am Tisch Zahnarzt, werden meine Antworten extrem einsilbig und konsonantenlastig. Sind Fitnesstrainer oder Orthopäden anwesend, sitze ich immer da, als hätte ich einen Stock im Rücken. Bei Steuerberatern versinke ich reflexartig im Boden, und als meine beste Freundin mal einen echten Kriminalkommissar zu Gast hatte, bin ich grußlos durch das Fenster der Gästetoilette getürmt. Nur weil das Rücklicht an meinem Fahrrad nicht funktionierte. Dabei waren wir mit dem Bus zu meiner Freundin gefahren.

Doch mit einer Zunft habe ich keinerlei Berührungsängste: die der Schauspieler. Mit denen könnte ich also sozial interagieren. Will ich aber nicht mehr. Einige Schauspieler sind nämlich unglaublich langweilig, andere sagenhaft ignorant, die meisten aber beides. Abseits von Bühne oder Bildschirm verlieren sie ihren Zauber, und das Schlimmste ist, dass sie es nicht merken. Manchmal fällt die Maske ja schon, wenn die sich in einer Talkshow befinden. Dann plaudern sie privates Zeug aus. Dass sie ihren Sohn Dustin oder Oklahoma genannt haben oder mal mit den »ganz Großen« gedreht haben die aber auch völlig normale Menschen sind. Nein, sind sie nicht! Charlize Theron zum Beispiel hat einen Oscar für ihre Rolle in *Monster* erhalten. Nur weil sie sich fünfzehn Kilo angefressen hat, um sich so besser in eine Psychopathin am Rande der Gesellschaft einfühlen zu können. »Es war schrecklich, mit diesem Gewicht herumzulaufen. Ich bin ja sehr groß, aber fast achtzig Kilo? Da würde doch jede Frau zur Mörderin werden, haha!« Nun, willkommen in meinem Leben, Miss Theron. Ich habe mich bisher davor zurückgehalten, Amok zu laufen, aber laut Ihnen hätte ich ja jetzt die Berechtigung dazu. Falls Sie das vermeiden wollen: Geben Sie mir doch Ihren Oscar. Ich werde ihn nicht wie ihr alle in das Gästebad stellen, sondern den Goldjungen verscherbeln und mir von dem Erlös ein Gästebad anbauen lassen. Aber auch die Mimen hierzulande geben in Interviews höchst bedenkliche Statements ab. Eine angeblich sehr beliebte deutsche Schauspielerin sagte mal: »Als Studentin war ich so arm, dass ich meine Jonglierbälle aufgeschnitten habe. Den Reis daraus habe ich mir dann gekocht, so hungrig war ich.« Da wird man philosophisch: Ist es nicht vielleicht ein Glück für dieses Land, dass Veronica Ferres sich zu fein dafür war, sich ein Tässchen Reis für den Gegenwert von 0,8 Cent bei ihren Nachbarn zu leihen? Weil sie uns sonst noch heute im Englischen Garten mit ihren Jonglierkünsten plagen würde? Und ist es die Prominenz, die Schauspieler erst zu geistigem Gemüse macht, der viel zitierte Preis des Ruhms? Nein. Die nicht ganz so Erfolgreichen haben auch schon gehörig einen an der Waffel.

Einmal habe ich den Fehler gemacht, eine Person, deren Gesicht mir vage vertraut erschien, zu fragen, ob wir uns kennen. Die Dame musterte mich indigniert und sagte: »Also, wenn du ab und an ins Theater gehst, kennst du mich schon.« Sie warf affektiert das Haar zurück, und bevor ich ein schlagfertiges »Du mich auch« zurückgeben konnte, spulte sie schon ihren Steckbrief ab: »Ja, das ist eine tolle Produktion, der Regisseur ist ein Gott, und die Proben waren sehr intensiv. Schade, dass das Stück bald abgesetzt wird. Die Leute geben einfach nichts mehr aus für Kultur. Aber ich finde schon etwas Neues. Ich habe das ja gelernt. Auf einer staatlichen Schule. Der Folkwang übrigens. Notfalls würde ich auch Fernsehen machen. Also, jetzt keine Vorabendserie. Ich lasse mich nicht verheizen. Der Peter hat da vielleicht was Interessantes für mich. Nicht viel Text, er hat da eine ganz starke Frauenfigur entwickelt, die Rosalie. Ist alles sehr spannend. Aber reden wir nicht weiter von mir. Hat jemand eigentlich von dem Grauburgunder nachgelegt? Der schmeckt so herrlich!«

Ich habe in Callcentern, in einem Versicherungsbüro, im Einzelhandel und als Toilettenfrau bei Festivals gejobbt. Da wird einem eine Menge sinnfreies und teilweise unappetitliches Zeug entgegengemault, aber selten so geballt. Nur Notärzte sollten das Wort »intensiv« bei einer Privatveranstaltung in den Mund nehmen dürfen, und das auch nur, wenn sie noch ein »Station« anfügen und bedauern, dass sie jetzt sofort dahinmüssen. Wenn irgendwo irgendein Regisseur ein Gott wäre, würde der nicht an einem Bühnenrand herumtoben, sondern einen Planeten erschaffen und in seiner Allmächtigkeit dafür sorgen, dass der nicht so schnell abgesetzt würde. Da wäre der auch dafür zuständig, »starke Frauenfiguren zu entwickeln«, vielleicht geformt nach dem Ebenbild seiner Mutter. Außerdem hasse ich diese sinnlose Verschwendung von bestimmten Artikeln, die Schauspieler betreiben. Ich kann schon von einem geläufigen Vornamen wie »Dieter« ableiten, dass die erwähnte Person männlichen Geschlechts ist, da muss kein »der« davor. Und ich bitte euch, »die Rosalie«?

Diesen Quatsch lernt man offenbar an den richtigen Schauspielschulen. Es fängt ja schon bei der Aufnahmeprüfung an, und zwar bei jeder: »Ich habe die Seeräuber-Jenny vorbereitet.« Für mich klingt das immer nach Kellnerjargon in der Art von Restaurants, die sich auf Kindergeburtstage für Erwachsene spezialisiert haben. »Unsere Köche haben heute die Seeräuber-Jenny für Sie vorbereitet, eine deftige Fischsuppe mit Jakobsmuscheln, dazu empfehlen wir den Grauburgunder.« Aber wahrscheinlich gehört das zum Business. Schauspieler müssen sich ja immer durchschlagen zwischen den Engagements. Und da die zarten Pflänzchen nicht so gut mit der echten Realität klarkommen, retten sie sich in diese Zwischenebene: Sie kellnern. Aber nur, um da entdeckt zu werden. Nicht von gewöhnlichen Restaurantbesuchern, die auf ihren Plätzen dürsten und hungern, sondern von Agenten. Oder Regisseuren. Dieser Trick ist allerdings so alt, dass er schon ewig nicht mehr funktioniert. In New York lacht schon seit vierzig Jahren keiner mehr über den dazugehörigen Witz: »By the way, I'm an actress.« – »Oh, really? What restaurant?«

Noch trauriger sind nur die Gestalten, die sich nach Hollywood aufmachen, weil sie denken, dort würden Filme gedreht werden. Als ich dort lebte, stieg jede Woche eine andere ausgelernte Schauspielerin aus Oer-Erkenschwick, Brügge oder Schaffhausen in unserem Hostel ab und berichtete nach ihrem ersten Spaziergang auf dem Sunset Boulevard strahlend, dass sie einen sehr eleganten Mann getroffen habe. Der ihre natürliche Ausstrahlung schätze und ihren Akzent ganz reizend fände. Außerdem könne sie für eine Zeit in seinem Gästehaus unterkommen. Den Netteren haben wir das übersetzt: »Das war Kalifornisch für: Ich will sodomitische Pornos mit dir drehen, aber erst, nachdem ich dir dein letztes Geld für Probeaufnahmen abgenommen habe.« Die Zicken haben wir auflaufen lassen.

Mein Tipp an alle, die nach den Sternen greifen: Redet nicht übers Fernsehen, als sei es etwas Minderwertiges. Als ihr eure Ausbildung begonnen habt, wusstet ihr doch, dass ihr da landen könntet. Die Alternative wäre ewiges Kellnern, und da habt ihr nicht die geringste Begabung für. Und wenn ihr schon eine Filmrolle ergattert habt, gebt bitte schön alles. Nicht wie die Dame, der ein Grauburgunder so herrlich schmeckt, wenn ihn jemand anders zuvor kalt gelegt hat. Die sah ich nämlich tatsächlich wieder, in zunächst halbwegs erträglicher, da zweidimensionaler Form. Zwar schaltete ich mich eine Viertelstunde zu spät in den Mittwochsfilm ein, aber die Rosalie war eben eine so starke Frauenfigur, dass sie zu diesem Zeitpunkt noch recht krekel in die Kamera blickte. Vielleicht etwas zu munter, wenn man bedachte, dass die Szene auf einer Intensivstation spielte und sie die todgeweihte Patientin darstellte. Die Maskenbildnerinnen hatten ihr ein paar hübsche Augenringe aufgemalt, um ihr Bett waren allerlei piepende Apparate arrangiert worden. An der Art, wie ihr männlicher Krankenbesucher ihre Hand tätschelte, wurde klar, dass Rosalie nun wirklich nicht mehr viel Text übrig hatte. »Gib' alles, sonst landest du doch noch in einer Vorabendserie«, spornte ich die Dame an. Tatsächlich wünschte ich ihr den großen Durchbruch. Dann würde sie bald nach Berlin ziehen und nicht mehr bei meinen Bekannten herumhängen. Rosalie öffnete also die spröden Lippen, blickte waidwund ihren Spielpartner an und sprach: »Ich will nicht sterben, Justus. Ich will lehm.«

Die Rosalie schloss die Augen. Und ich meine. Nicht zu fassen! Vier Jahre die richtige, die staatliche Folkwang-Schule, geschätzte hundert Stunden Sprechtraining, Dutzende Kellertheater-Produktionen, unzählige Partys, auf denen sie ihre überkandidelte Ansprache gehalten hatte, alles für die Katz. Im entscheidenden Moment ihrer Karriere will sie nicht mehr weitermachen, sondern lehm. Ich war so fassungslos, dass ich die Augen wieder öffnete. Und sah, wie eine Krankenschwester Rosalies Hand behutsam aus der ihres Besuchers löste. Dann fasste sie die jüngsten Ereignisse noch einmal für die schlichteren Gemüter zusammen: »Sie ist tot, Justus. Es tut mir so leid.« Und der Justus nahm, entweder vom Schmerz überwältigt oder weil er eben als windiger Charakter angelegt war, sogleich die Schwester in die Arme und schrie: »Aber – sie war so jung! Sie wollte doch lehm. Nur lehm!«

Da musste ich abschalten. Wie konnte es dazu kommen, dass solche Szenen nicht nur gedreht, sondern auch noch gesendet wurden? Unwillkürlich fiel mir eine Anekdote ein, die vor einigen Jahren im Internet kursierte. Am Set zu *Armageddon* soll Ben Affleck den Regisseur Michael Bay gefragt haben, ob es realistisch gesehen nicht viel einfacher und auch preiswerter wäre, ein paar Astronauten beizubringen, wie man ein Loch in einen Asteroiden bohrt, statt ein paar Ölbohrern ein Astronautentraining angedeihen zu lassen. Michael Bay dachte angeblich kurz über Afflecks Einwand nach und sagte dann: »Ich bezahle dich dafür, dass du deinen Text auswendig lernst und den in die Kamera sprichst, nicht fürs Denken. Und wenn du dir Sorgen um die Produktions-

110

kosten machst: Realistisch gesehen könnten wir deinen Part jederzeit einem gut aussehenden Schimpansen geben.«

Und was hat Ben Affleck daraufhin getan? Er hat den Film natürlich zu Ende gedreht. Obwohl er damals schon ein Star war und sich wahrscheinlich locker aus dem Vertrag hätte rauskaufen können. Aber neben all den unliebsamen Eigenschaften, die Schauspieler besitzen, sind sie zudem äußerst zäh. Und gleichzeitig masochistisch. Sie wollen lieber beim größten Mumpitz aller Zeiten mitspielen als durch einen Primaten ersetzt werden. Ein echter Jünger Thalias ist leidensfähig und lässt sich auch mal kurzfristig das Denken verbieten, wenn es der Illusion förderlich ist. Ja, man frisst eine solche Menge Dreck in dem Job, dass es kein Wunder ist, wenn man gerne zur Marionette wird. Aber manchmal sind es diese Wendepunkte im Leben eines Mimen, die ihn endlich von der Idee abbringen, dass ein Regisseur ein Gott ist, nur weil er ein paar gut gebaute Ölbohrer zum Sterben ins Weltall schickt.

Heutzutage ist Ben Affleck selbst meist als Regisseur und Drehbuchautor tätig. Und ich muss sagen: Der Mann gefällt mir immer besser, seitdem ich seinen hübschen Körper nicht mehr auf der Leinwand sehen muss, sondern seinen klugen Kopf hinter der Kamera weiß. Allerdings will ich mir diesen Berufswechsel nicht wirklich für die Dame vorstellen, die dereinst die Rosalie gab. So kurz, wie ich sie kennenlernen durfte und musste, fürchte ich, dass sie als Regisseurin durchaus fähig wäre, Machwerke zu verzapfen, die ebenso schaurig wären, wie ihre Titel es vermuten ließen. Ich denke da an *Intensive Zeiten*, *Herrlich schmeckt der Grauburgunder* oder die autobiografische Betrachtung *Dafür lasse ich mich nicht verhei-zen.*

Aber vielleicht ist es auch an der Zeit, dass ich mir mal ein kurzfristiges Denkverbot auferlege. Sonst macht das ja keiner. Außerdem wären die meisten Filme ohne Schauspieler ja auch ziemlich fad. Und in einer Welt, in der nur noch Schimpansen diesen Job übernehmen, möchte ja auch keiner lehm.

Unfreiwillige Selbstkontrolle

»Ich bin geheilt, alright!«
Alex in *A Clockwork Orange*

Ich habe Angst, dass mir langweilig werden könnte. Und das im Kino. Das ist mir noch nie passiert. Aber ehrlich gesagt: In dem Film ist ja auch noch nicht viel passiert. Bisher haben die nur Milch getrunken und blödes Zeug geredet. Das hätte ich auch zu Hause haben können.

Aber jetzt stehen die Männer in weißen Overalls in einer fremden Wohnung und grinsen fies. Ihr Anführer, Alex, tippt sich grüßend an den Hut. Die Mieter reagieren misstrauisch, aber zu spät: Die Droogs schwingen die Schlagstöcke und zerdreschen die komplette Einrichtung. Der Hausherr krümmt sich wimmernd am Boden, seine Gattin kreischt dazu. Jetzt schneiden ihr die Kerle Löcher in das enge Kleid, an den strategischen Stellen.

Endlich wundert es mich nicht mehr, dass der Film erst ab sechzehn Jahren freigegeben ist. Früher durfte man sich »A Clockwork Orange« sogar erst ansehen, wenn man achtzehn war. Rein theoretisch wären Jens und ich vor zwanzig Jahren also noch cooler gewesen als jetzt. Praktisch sieht es leider so aus, dass Jens nie uncooler war als heute. Ich kann das beurteilen, denn ich kenne ihn seit dem Kindergarten. Aber selbst da hat er nur selten dermaßen verängstigt geguckt, und er roch bei Weitem nicht so schlimm, wenn er schwitzte. Am liebsten würde ich ihm sagen: »Hör auf zu stinken, sonst fliegen wir doch noch raus.« Aber ich muss mich auf den Film konzentrieren. Da wird also gerade eine Frau vergewaltigt, von mehreren Männern, den Droogs. Und im Hintergrund läuft nicht Beethoven, sondern Alex singt dazu: »I'm singing in the rain«. Interessant, das wird bestimmt später abgefragt werden. Jens ist mittlerweile mit seinem Kinosessel verschmolzen. Kleine graue Bäche rinnen an seinem Hals hinab. Das kommt von dem Zeug, dass seine Mutter ihm letzte Woche auf den Kopf geschmiert hat. »Also, Jensi, da machen wir erst mal eine Tönung, keine richtige Farbe. So von Dunkelblond auf Blauschwarz, das ist ja schon ein doller Unterschied. Wenn es dir dann nicht gefällt, kannst du es ja auswaschen«, hat sie gesagt. Ich mag Jens' Mutter, aber das war echt eine peinliche Aktion, und zwar von beiden. Ich meine, wer kündigt denn zu Hause an, dass er jetzt kein Hippie mehr ist, sondern Punk? Und welche Mutter tönt ihren Sohn blauschwarz? »Glotz nicht auf mich, glotz auf die Leinwand«, zischt Jens. »Selber«, will ich sagen, aber es kommt mir kindisch vor. Also gucke ich weiter den Film an.

Der wird auch nicht besser. Alles ist so hässlich: die Droogs, die Klamotten, die Wohnungseinrichtung, England. Die Tapeten erinnern mich an die, die wir bis vor Kurzem im kleinen Bad bei uns zu Hause hatten. Da hatte meine Mutter auch eine Menge Spaß beim Abreißen. Sogar einen weißen Overall hatte sie sich dazu angezogen. Allerdings ohne Suspensorium drüber. Ich unterdrücke ein Kichern. Mehrfach hintereinander. »Alles klar bei dir?« Jens klingt ernsthaft besorgt und greift sogar nach meiner Hand. Ich fände das jetzt vielleicht ganz süß von

Jens, wenn ich Jens an sich ganz süß fände. Aber er ist mein bester Freund, und wir haben einen Film zu schauen, also erkläre ich ihm: »Ich musste mir nur gerade meine Mutter mit so einem Sackschutz vorstellen.« Jens lässt meine Hand sehr schnell wieder los und murmelt entsetzt: »Du bist echt so abgebrüht, Katinka.«

Man sollte aufpassen, was man sich wünscht. Zum Beispiel wünsche ich mir seit einem halben Jahr, dass mir ein Junge ein derartiges Kompliment macht. Aber eben ein anderer Junge, ein älterer, ein ganz bestimmter – und er sollte dann meine Hand nehmen und sie nicht angeekelt loslassen. Andererseits – der bestimmte Junge ist so etwas Ähnliches wie ein Freund von Jens, und vielleicht erzählt Jens dem ja später im Jugendtreff, wie dermaßen abgebrüht ich war. Nicht nur heute, bei der Kino-Aktion. Sondern zum Beispiel auch letzte Woche, da hatte ich mir schon die Haare richtig und selber gefärbt: ohne Handschuhe, direkt die ganze Dose »Crazy Tomato« draufgeknallt und doppelt so lange einwirken lassen, wie auf dem Warnhinweis empfohlen. Und es hat super geklappt. Mein Haar hat jetzt so einen Stich in Richtung Altrosa, aber meine Kopfhaut, der Waschbeckenrand, die Fliesen sowie alle Handtücher und Kissenbezüge sind knallrot gesprenkelt. Als hätte man ein Kalb geschlachtet, meint meine Mutter. Jens war ziemlich beeindruckt und hat mir sogar geholfen, das alles wegzuschrubben. Hat mittelmäßig geklappt. Deswegen bekomme ich jetzt kein Taschengeld mehr, bis das Waschbecken abbezahlt ist. Obwohl es aus pädagogischer Sicht überhaupt nicht sinnvoll ist, Jugendliche ihres Grundeinkommens zu berauben. Meine Eltern wollten nichts davon hören. Wenn sie mir Hausarrest erteilten, würden sie sich ja selbst bestrafen, nicht mich, haben sie gesagt. Und dann ging das wieder los, von wegen keine Hobbys haben, und ich habe geschrien: »Soll ich mit euch zum Tennis, oder was?« Das hat gesessen. Mit den Haaren wollen die mich nämlich gar nicht im Tennisclub haben. Leider hat Jens mir diesen moralischen Sieg verdorben: »Du und Tennis, Katinka, hihi.« Meine Eltern haben das dankbar aufgegriffen und einfach mit-gekichert. Ich habe Jens drei volle Tage schmoren lassen, bevor ich ihm erlaubt habe, mich ins Kino einzuladen.

Natürlich konnten wir unseren Eltern nicht sagen: »Wir gehen in *A Clockwork Orange*, schönen Nachmit-tag noch.« Jens hat vorgeschlagen, wir sagen gar nichts, sondern gehen einfach. Eltern freuten sich grundsätzlich, wenn Teenager mal von sich aus an die frische Luft gehen, die stellten dann keine weiteren Fragen. Ich fand den Plan gut. Aber Jens hat in letzter Minute Muffensausen bekom-men und meine Eltern gefragt, ob wir noch das Altglas mit rausnehmen sollen. Da haben die natürlich Lunte gerochen.

»Was habt ihr vor?«, fragte meine Mutter misstrauisch. Und ich gab zu: »Wir wollen ins Kino. In *Ronja Räuber-tochter.*«

Meine Eltern sind nicht blöd. »Habt ihr euch den Film nicht letzte Woche erst angesehen?«, horchte meine Mut-ter nach.

Ich bin auch nicht blöd: »Doch, ja. Aber da haben wir die ersten fünf Minuten verpasst, deswegen.«

Meine Eltern hielten diese Aussage für glaubhaft, weil sie uns für verwöhnte Blagen halten, deren logisches Den-ken durch Hormonschübe vorübergehend lahmgelegt wurde. Das ist zwar unglaublich beleidigend, aber eine gute Tarnung, wenn man etwas Kriminelles plant.

Auf dem Weg zum Kino schob Jens aber schon wieder Panik: »Und wenn die an der Kasse unsere Ausweise sehen wollen?«

Manchmal denke ich, dass Jens Schwierigkeiten hat, die Gesellschaft, die er verachtet, überhaupt zu durchschauen. »Ich gehe locker als Sechzehnjährige durch, Jens, weil ich so groß bin. Und dann flutschst du automatisch mit durch. Ich meine: Welche Sechzehnjährige würde denn mit einem Vierzehnjährigen ins Kino gehen. Das wäre ja wohl völlig pervers.«

Jens sah die Logik schon ein, zog aber trotzdem einen Flunsch. Am Kassenhäuschen fing er dann plötzlich an, wie geistesgestört mit seinem Schlüsselbund zu klimpern.

Die Frau an der Kasse fragte: »Kann ich helfen?«, und Jens drehte vollkommen durch: »Ach, ich frage mich nur, ob ich den Wagen nicht besser hätte woanders parken sollen.«

So, wie die Frau lachte, dachte ich schon: Jetzt hat er es völlig versaut, aber die Kassenfrau sagte: »Netter Versuch, Junge. Aber wenn deine Erziehungsberechtigte dich mit in den Film nehmen will, ist das eh ihre Verantwortung, nicht meine. Viel Spaß.« Dann gab sie uns die Eintrittskarten. Wir taumelten ins Foyer.

»Die hat dich echt für meine Mutter gehalten, Katinka. Haha!«

In solchen Momenten zweifle ich daran, dass Jens mein bester Freund ist. »Ja, und dich hat sie dann offenbar für meinen sechsjährigen verblödeten Sohn gehalten, hahaha.«

Jens zog beleidigt zum Snack-Stand ab, aber als er wiederkam, hatte er zwei Becher Popcorn und zwei Cola dabei. Da wusste ich wieder, weshalb er mein bester Freund ist: Er verzeiht schnell und hat immer Kohle. Ich hingegen vergebe langsam und vergesse nie. Deswegen muss ich mir auch keine Notizen zu dem bekloppten Film machen: Die Bullen schnappen Alex, und statt ins Gefängnis muss er bei so einem bescheuerten Experiment mitmachen. Er muss sich ganz heftige Dinge in einem Kino ansehen. Damit er die Augen nicht zumachen kann, werden die durch so eine komische Vorrichtung offen gehalten. Ich will auch so ein Gerät, denke ich. Vielleicht auch nicht. Vielleicht will ich lieber ein Eis. Aber ich habe ja kein Geld. Ich flüstere Jens zu: »Hey, die an der Kasse dachte eben echt, du wärst sechs Jahre alt, haha.«

Jens überlegt. Nicht gut. Schließlich flüstert er zurück: »Oder sie haben dich für vierzig gehalten, weil du dir die ganze Schminke ins Gesicht gedonnert hast. Und dir Socken in den BH gestopft hast.«

Jetzt habe ich ihn fast da, wo ich ihn haben will. Gleich wird er sich so schämen, dass er Eis holen geht: »Ey, Alter, hast du mir etwa auf die Brüste gestarrt?« Jens flüstert nicht mehr, sondern schreit: »Ich habe dir auf die Socken gestarrt, nicht auf die Brüste! Du hast doch gar keine.«

Die eine Hälfte des Publikums ruft: »Psst«, die andere Hälfte lacht.

Einer aus der Reihe hinter mir besonders laut und lange. Ich kenne dieses Lachen. Vorsichtig drehe ich mich um. Es ist der ganz bestimmte Junge, von dem ich mir erhoffte, er würde mich einmal abgebrüht nennen. Er lacht nur selten, aber ich habe mir gemerkt, wie es klingt.

Micky ist eher so der düstere Typ, mit schwarz lackierten Fingernägeln, und die Haare trägt er wie Robert Smith von *The Cure*. Jetzt erkenne ich, dass er Grübchen hat, die ihn noch schöner machen. Selbst im Dunkeln des Kinosaals. Sein Gesicht ist so bleich, dass es leuchtet. Er hat ganz viele Ohrringe, und ich liebe ihn. Jetzt hat Jens das Lachen seines Fast-Freundes auch erkannt und dreht sich um. Er winkt sogar albern und sagt: »Ey, hallo Micky. Alles klar?« Micky sagt: »Bei uns schon. Bei euch aber nicht, oder?« Er grinst mich an. Das Mädchen neben ihm nölt: »Können wir jetzt den Film sehen, oder was?«

Micky sagt zu ihr: »'tschuldige, Süße.« Und legt seinen Arm fester um sie. Ich hatte mich so auf sein Gesicht konzentriert, dass ich gar nicht auf seine Arme geachtet hatte. Obwohl die auch sehr schön sind. Und natürlich ist auch das Mädchen in seinem Arm wunderschön: klein, zierlich und mit winziger Nase und Schmollmund. Sie ist unnatürlich blond und trägt Perlenohrringe. Sie ist definitiv kein Punk, und ich hasse sie. Ich hasse sie so sehr, dass mir heiß wird, und ich spüre, wie mir die Wimperntusche verläuft. Micky sagt:

»Äh ... Kathrin? Deine Socke ist verrutscht.« Er zeigt auf meinen Brustkorb und lacht wieder. Seine Süße lacht noch lauter, und der Film ist vorbei. Ich stehe auf und renne aus dem Saal. Immerhin stolpere ich nicht, falle nicht hin und breche mir nicht das Genick. Schade eigentlich, denke ich noch, als ich nach Hause weiterrenne. Falls ich zu Tode gekommen wäre, hätte Jens für den Rest seines Lebens ein schlechtes Gewissen. Und Micky auch. Der wäre vielleicht auch zu meiner Beerdigung gekommen, und zwar nicht nur, weil er so auf Friedhöfe steht.

Und dann hätte er auf meinem Grabstein gesehen, dass ich nicht »Kathrin« heiße. Dann hätte er sich richtig geschämt und mit seiner blöden blonden Freundin Schluss gemacht, die eh an allem Schuld hat. Ich weine, weil ich zu blöd war, mir den Hals zu brechen. Dann beruhige ich mich, mache einen Zwischenstopp hinter dem Altglascontainer und pflücke die Socken aus dem BH, den ich meiner Mutter gemopst habe. Ich besitze ja gar keinen eigenen, wozu auch? Jetzt sieht es aus, als hätte ich zwei leere Brustbeutel unter meinem Pulli. Ich will mir die Schminke aus dem Gesicht wischen, aber ich habe kein Taschentuch eingesteckt. Ich habe gar nichts mehr. Nicht mal eine Erklärung dafür, weshalb ich zu früh und mit Socken in der Hand nach Hause komme.

»Was ist passiert?«, fragt meine Mutter.

»Alles!«, will ich schreien, murmle aber »Nichts!« und gehe in mein Zimmer. Dort lege ich mich aufs Bett, stehe aber sofort wieder auf, weil ich vergessen habe, die Tür zuzuknallen. Das muss man ja machen, als Dreizehnjährige, wenn man seine Ruhe haben will. Sicherheitshalber mache ich noch ganz laut Musik an, die Kassette von *Ein kleines bisschen Horrorschau* von den Toten Hosen, die Jens mir von der Platte überspielt hat.

»Das Album ist schon okay, aber man muss es halt im Kontext zum Stanley-Kubrik-Film sehen. Ist ein Klassiker«, hat Jens behauptet, und als er das sagte, war mir klar, dass er den Satz nur an mir geübt hat, um später Micky damit zu beeindrucken. Das ist alles so erbärmlich. Ich hasse Jens. Und Micky erst recht. Nein, ich verachte beide.

Es klopft an meiner Zimmertür, und mein Vater wartet nicht ab, bis ich »Herein« sage.

»Jungs sind blöd!«, lasse ich ihn wissen.

Mein Vater weiß genau, dass ich damit nicht nur Jens meine. Außerdem kennt er das Kinoprogramm auswendig und mich auch schon eine ganze Weile: »Na, damit hast du *A Clockwork Orange* ziemlich gut zusammengefasst.«

Ich muss grinsen. Mein Papa auch. Ich will ihm trotzdem nichts von den Socken, Micky oder der Tatsache erzählen, dass ich, wenn schon nicht richtig, dann zumindest gesellschaftlich tot bin und wahrscheinlich nie wieder werde lieben können. Deswegen bleibe ich beim Thema Filmkritik: »Der Film war auch saublöd.«

Mein Vater winkt ab: »Vor allem das Ende, ja. Und ganz anders als im Buch. Leider habe ich das nur auf Englisch da.« Mein Vater zieht bedauernd die Schultern hoch.

Ich tröste ihn: »Egal. Ich hätte es eh nicht gelesen. Der Film ist scheiße, mein Leben auch, also wozu das Ganze?«

»Ja, wozu das Ganze?«, wiederholt mein Vater.

Ich bekomme Hausarrest, für das gesamte nächste Wochenende. Wahrscheinlich dachten meine Eltern, diesmal sei es schon eine Strafe, weil sie wussten, dass ich in den Freizeittreff wollte. Um Micky zu sehen. Wollte ich aber gar nicht mehr. Ich sehe mit meinen Eltern *Wetten, dass …?* an, bis sie meine Kommentare nicht mehr ertragen. Um neun gehe ich ins Bett und fange an, *A Clockwork Orange* zu lesen.

Es ist anstrengend, aber ich glaube, ich verstehe es, weil ich den Inhalt kenne. Am Sonntagabend bin ich durch damit und hoffe, dass wir das irgendwann mal für den Englischunterricht lesen müssen. Erstens hätte ich das dann schon getan, zweitens würde ich in der Klausur auf die bescheuerte Frage »Was will uns der Autor damit sagen?« antworten: »Der Autor warnt davor, männliche Kinder in die Welt zu setzen, weil die irgendwann sechzehn werden und noch schlimmer als man selbst. Sämtliche Erziehungsversuche sind demnach zum Scheitern verurteilt.« Dann würde ich vielleicht endlich von der Schule fliegen, und alle würden mich cool finden. Andererseits bin ich auf so einem Gymnasium, wo man erst vor dem Lehrerzimmer kiffen muss, bevor man sich auch nur einen Tadel einfängt. Wahrscheinlich käme es nur zu einem Elterngespräch, und meine Mutter würde anschließend so etwas total Tolerantes sagen wie: »Du kannst uns ruhig sagen, wenn du Mädchen magst, Katinka. Das wäre nicht schlimm für uns. Wir unterstützen dich.« Dabei mag ich Mädchen noch weniger als Jungs. Ich mag Tiere, darf aber kein neues haben, bevor der letzte Wellensittich nicht von der Stange kippt. Dabei gehört der meiner Schwester. So viel zum Thema »Wir unterstützen dich«.

Ich will schlafen und nie wieder aufwachen, aber ich habe Besuch. Es ist Jens. Er hat Pantoffeln an, weil Sonntag ist und er ja nur drei Stockwerke runterschlurfen muss, um mich zu besuchen. Seine Tönung ist fast rausgewaschen, mit dem grauen Haar sieht er jetzt aus wie ein früh vergreister Zwölfjähriger. »Schimmelt's auf deinem Kopf?«, begrüße ich ihn.

Jens ist aber nicht beleidigt, sondern nimmt das als Aufhänger, um mir den wichtigen Klatsch mitzuteilen: »Micky hat die Haare jetzt ab. Und so Gel drin. Und seinen Mantel hat er auch nicht mehr an. Ich glaube, er ist jetzt Popper. Voll peinlich.«

Es ist 1990, und ich bezweifle, dass es noch Popper gibt

oder solche, die sich so nennen, sage aber: »Na, da passt er doch gut zu seiner Perlenohrring-Freundin.«

Jens springt voll drauf an: »Boah, die ist dumm wie Brot, ey. Wobei – geile Titten. Oder sie hat ihre Socken besser festgesteckt als du, wer weiß das schon?«

»Micky«, entgegne ich. Jens kichert und wird schon wieder rot.

Der wird niemals erwachsen, denke ich. Zumindest nicht ohne mich. Und zum ersten Mal hoffe ich, dass die Zeit langsamer vergeht als schneller. Jens ist mein bester Freund, weil er mein einziger ist. Ich will, dass er niemals sechzehn wird. Aber das kann ich ihm schlecht sagen. So abgebrüht bin ich nun auch nicht.

Mehltau oder Früher war
wenigstens Sendeschluss

Heute kann jeder immer alles und soviel man mag. Zumindest, was das Konsumieren von Fernsehserien angeht. Ich will nicht behaupten, dass ich den Service nicht selber ausgiebig nutze, aber die vermeintliche Freiheit und Unabhängigkeit vom TV-Programm birgt doch Fallstricke. Früher konnte man, unterstützt vom Fernsehprogramm, gewisse gesellschaftliche Verpflichtungen noch diskret umschiffen beziehungsweise zu seinen Gunsten wenden: Wenn man beispielsweise eine Bekannte zum Abendessen einladen musste, die es deswegen nie in den engeren Freundeskreis geschafft hatte, weil man sie nur für eine bestimmte Zeitspanne ertragen konnte, legte man den Termin auf einen Dienstag um 20 Uhr. In einträchtiger Hektik war man dann um 21 Uhr mit dem Essen durch und überließ es dem Gast, ständig beschämt auf die Uhr zu blicken. Um halb zehn schlug man sich dann gnädig die Hand vor die Stirn und sagte: »Oh, ich habe vergessen, dass ich morgen früh einen Termin habe. Ich will dich nicht rausschmeißen, aber …«

Dankbar lächelnd und wieselflink schnappte sich die nervige Trulla dann ihren Mantel und rannte nach Hause, denn – um Viertel vor zehn fing ja *Sex and the City* an. Bonus: Man konnte das ganze Dessert alleine essen, während man sich selbst vor die Glotze hängte, um die Geschi-

124

cke von Carrie, Samantha, Charlotte und Miranda zu verfolgen.

So etwas funktioniert heute nicht mehr. Wenn du werktags nach 22 Uhr keine Leute mehr im Haus haben willst, musst du dir Kinder anschaffen. Wenn man das durchrechnet, lohnt diese Strategie den Aufwand allerdings nicht, zumal diese Kinder ja auch bei dir wohnen bleiben, bis sie ebenfalls Leute sind. Und was für Leute: Digital Natives heißt die aktuelle Generation, aber das ist nur ein netterer Ausdruck für bionische Weicheier. Mir fällt das extrem auf, wenn ich mal vor die Tür gehe: Wenn wir vor fünfzehn Jahren angerufen wurden, während wir unterwegs waren, und endlich, Minuten später, unsere ultramodernen, briefmarkengroßen Klapphandys aus der Tasche gefischt und mit spitzem Finger den Annahmeknopf getroffen hatten, fragte der Anrufer ja gerne als Erstes: »Wo bist du grad?« Und man antwortete mit schlecht versticktem Stolz in der Stimme: »In der Bahn«, oder: »An der Kasse im Supermarkt, ich rufe gleich zurück.« Dann beendeten wir das Gespräch und erwarteten fast Applaus von den Umstehenden, weil wir nicht nur über Anstand und Etikette Bescheid wussten, sondern auch dieses technische Wunderding so lässig kontrollierten.

Wenn heute in der Bahn das Mobiltelefon eines jungen Menschen klingelt, muss dieser gar nicht in der Tasche wühlen. Es ist ja an seiner Hand angewachsen. Und fragt der Anrufer dann: »Wo bist du?«, antwortet der Angerufene meist: »Staffel vier, Folge acht. Voll krass, ey. Ey, und wenn du jetzt spoilerst, bring ich dich um.«

Wenn ich solche Szenen beobachte, applaudiere ich natürlich auch nicht, sondern lausche weiter. Mein Aszendent ist und bleibt eben Ratefuchs, deswegen will ich, nein, muss ich herausfinden, von welcher Serie die beiden gerade reden. Dabei spielt mir eine weitere Unsitte der Jugend in die Hände beziehungsweise in die Ohren: Sie plärren stets so laut, als seien sie allesamt Fußballtrainer am Spielfeldrand. Manchmal sitze ich am anderen Ende des Waggons, und die Hinweise auf den gesuchten Begriff aus der Kategorie »Serienjunkies« erreichen mich trotzdem in astreiner Soundqualität: »Heftig, ey, wie Rick am Ende dann so guckt, und der Alte, hier, der Vater von Dingens, wie heißt der noch ...«

Weitere Tipps benötigt ein Profi wie ich da nicht, deshalb löse ich lautstark auf: »Ach, *The Walking Dead*, klar! Der Typ heißt übrigens Hershel. Und der Gouverneur killt den in der nächsten Folge. Rübe ab, zack, zack!«

Leider nehmen die jungen Leute meine Hilfe nicht wirklich gut an. Manche starren mich ungläubig an, andere weinen fassungslos. Der junge Mann aus dem oben beschriebenen Fall hielt mich an meinem Zielbahnhof sogar an der Jacke fest und behauptete: »Meine Mutter ist Anwältin. Ich glaube, die kann Sie wegen seelischer Grausamkeit verklagen.«

Tja, was sagt man dazu? Mir schwebten ein paar angemessene Repliken vor, die von einer halbherzigen Entschuldigung bis zu einem herzlichen Lachanfall rangierten, aber dazu kam ich gar nicht. Denn der junge Anwältinnensohn wurde im nächsten Moment schon wieder angerufen und ignorierte mich daraufhin entweder absichtlich oder hatte meine Existenz vollkommen vergessen. Grußlos machte ich mich auf den Heimweg. In meiner Wohnung angekommen, wurde mir klar: Unser Planet wird es nicht mehr lange machen, zumindest nicht mit dem Personal, das da nachwächst. Die sind so leicht abzulenken, von der Technik gefangen, und wenn sie sich angegriffen fühlen, drohen sie mit ihrer Mutter? Wenn das die Zukunft ist, will ich wieder in die Vergangenheit zurück. Am besten bequem, per Zeitmaschine.

Zum Glück steht mir eine solche zu Verfügung. Im Internet kann man nämlich auch ganz alte Serien anschauen, also solche, die der Entwicklung noch förderlich sind. Sendungen, aus denen man noch etwas lernen konnte, fürs Leben; Sendungen, die wichtige Werte wie Respekt, Anstand und Achtsamkeit vermittelten. Besonders geliebt habe ich die Weihnachtsserien, eine Art Tele-Adventskalender in zwölf Folgen, Altersfreigabe ab null Jahren. Im Netz suche ich meinen absoluten Favoriten heraus, *Silas*, der Straßenfeger aus dem Jahr 1981. Allein die Titelmelodie war ja kolossal, soweit ich mich erinnere. Auf meinem Laptop hört sich das Intro leider an, als würde eine Katze mit einer Fanfare totgeprügelt. Ich höre gnädig darüber hinweg, denn in der Geschichte um den Waisenjungen Silas geht es ja um Werte: Durchhaltevermögen, Listigkeit und Freundschaft. Letztere sowohl zu seinem Kumpel Godik als auch zu seinem Pferd, dem wilden schwarzen Hengst. Die erste Szene war damals auch ziemlich gruselig: Der böse Zirkusdirektor will Silas zum Schwertschlucken zwingen. Als Kind hatte ich da mächtig Angst, aber bei der heutigen Nachschau denke ich: »Och, guck mal, da ist ja Diether Krebs selig. Lustig sah er aus, in seinem gestreiften Gewichtheberanzug. Und Patrick Bach als Silas ist einfach …« Ich will angestrengt an ein Adjektiv wie »begabt«, »überzeu-

gend« oder wenigstens »natürlich« denken, aber alles, was
mir in den Sinn kommt, ist: »Man kann ihn ja dank dieser
Zahnlücke kaum verstehen.« Wie paradox: Wenn ich als
Kind gefragt wurde, wie hoch denn wohl die Rutsche auf
unserem Spielplatz ist, habe ich die auf mindestens fünfzig Meter geschätzt. Dabei musste ich Jahre später fest-
stellen, dass sie höchstens doppelt so hoch war wie mein
Vater. Aber Silas' Zahnlücke wird immer größer, je länger
man hinschaut. Und er selbst immer nerviger. Er ist überhaupt nicht nett zu seinen Freunden, man fragt sich,
warum das Pferd ihm nachläuft. Ärgerlich auch das Sze-
nenbild und die Kostüme: Die Lumpen der armen Dorf-
leute wirken schlampig auf alt getrimmt, die Samtweste
des reichen Kaufmanns wie aus dem Fundus eines Clowns
gemopst. Aber am schlimmsten ist: Meine Lieblingsfigur
von damals, der Otterjäger, verdient seinen Lebensunter-
halt tatsächlich mit dem Jagen von Ottern! Wie konnten
meine Eltern zulassen, dass wir uns diese vollkommen
politisch unkorrekte Sendung ansahen? Und wie konnte
ein öffentlich-rechtlicher Sender das ausstrahlen?

Ich halte das Video an und versuche, mich zu beruhigen. *Silas* war vielleicht der falsche Einstieg. Obwohl
meine Umwelt gelegentlich daran zweifelt, bin ich schließlich keine fünf Jahre mehr alt. Und richtig toll fand ich
auch früher nur die Serien, die ich nicht gucken sollte,
weil sie angeblich Schund waren. Dabei setzt sich bis dato
keine andere Sendung so diffizil mit den Problemen des
Weinanbaus auseinander wie seinerzeit *Falcon Crest.*
Im Intrigentheater zweier Familien (oder war es nur
eine?) spielte immer wieder die Unberechenbarkeit der
Natur eine große Rolle, *Falcon Crest* war quasi *Löwen-*

zahn unter der Sonne Kaliforniens, nur mit größerem Ensemble. Auf meiner Suche bei YouTube finde ich auch rasch die Folge, in der sämtliche Reben von Mehltau befallen werden. Sehr ergreifend. Der jüngere Bruder sagt zum älteren: »Richard. Es ist Mehltau.« Richard sagt: »Verdammt, Mehltau.« Alsdann werden ein paar undurchsichtige Handlungsstränge zusammengeknüpft, die Frau des jüngeren Bruders bildet eine Allianz mit der verhassten Schwiegermutter aufgrund von – Mehltau. Zumindest muss man das als Zuschauer annehmen, eine andere Erklärung wird nicht angeboten. Wenn es an Drehbuchideen mangelt, wird der Familiensitz von oben gezeigt oder eben ein Sportwagen. Die Clanchefin widmet sich auch der Falknerei, aber über allem dräut weiterhin: Mehltau. Selbst als Schwager Chase ins Koma fällt (parallel mit dem Stammpublikum, wie ich mittlerweile fürchte), sind seine ersten Worte nach dem Erwachen: »Was ist mit der Ernte? Konnten wir den Mehltau besiegen?« Nach vier Folgen werde ich das Gefühl nicht los, dass die Drehbuchautoren von *Falcon Crest* sowohl sich selbst als auch den Schauspielern stets echten Wein in die Gläser füllten. Ich gestehe, dass meine Mutter – wie immer – recht hatte. Das war Schund und ist heute noch größerer Schund. Und wahrscheinlich wollten wir ihn nur deswegen sehen.

Meine letzte Hoffnung bleibt nun die Serie, die ich nur zu einem Viertel kenne. Also, jeweils eine halbe Folge und pro Folge je nur das halbe Bild, da ich mich hinter der Couch verstecken musste, um sie sehen zu können. *Miami Vice* war damals streng verboten für uns, schon aufgrund der späten Sendezeit. Außerdem war sie recht brutal und die behandelten Themen wenig geeignet für zarte Kinderseelen: Zwei unbestechliche Cops jagen die Drogenbarone und Kleindealer in – Überraschung – Miami. Das war knallharte Action, teilweise so spannend, dass wir unsere Eltern schon nach dem Vorspann leise schnarchen hörten. Trotzdem wagten meine Schwester und ich uns damals nicht hinter der Couch hervor. Sie sah also die linke Hälfte des Bildes, ich die rechte, und irgendwann stritten wir so laut, dass unsere Eltern wieder aufwachten und uns ins Bett schickten. Aber dank der modernen Technik kann ich nun, nur dreißig Jahre später, eine komplette Episode verfolgen, und ich bin mir sicher: Es wird eine Offenbarung werden. Damals gab es ja noch einen Plot, technische Tricks; der Auftritt von Fabelwesen oder Außerirdischen war obsolet, weil der Drogensumpf Floridas ja spannend genug war. Zumindest reichte es damals für hundertzehn Folgen.

Ich drücke den Abspielknopf und ducke mich sofort unter den Tisch weg. Das war ja wirklich heftig. Ich hatte die Lust auf Farbe, die in den Achtzigerjahren erblühte, völlig verdrängt, ebenso das Computerprogramm »Word Art«. Eine Explosion aus Neon bricht über meine Netzhaut hinein, dann eine Welle von Pastelltönen. Sonny Crockett, dargestellt von Schwerenöter Don Johnson, ist der Cop im hellrosa Jackett, natürlich mit aufgeschoppten Ärmeln bis hoch zu den gigantischen Schulterpolstern. Dazu kombiniert er lässig ein gelbes Polohemd und Bommelslipper ohne Socken. Ekelerregend. Kein Wunder, dass die halbe Stadt auf Koks ist, denke ich, sonst lässt sich der Anblick ja kaum ertragen. Gut, dass mir damals die Couch die Sicht nahm, sonst wäre ich ja blind geworden. Aber immerhin stellt Crockett brav mit seinem Kollegen Tubbs den Verbrechern nach, wobei häufig der Satz fällt: »Verdammt, er ist uns wieder entwischt.« Wahrscheinlich liegt's an den Bommelslippern, darin kann ja keine Sau laufen. Zumindest ist eine nachvollziehbare, um nicht zu sagen, übersichtliche Handlung zu erkennen. Die Kollegin wird als Lockvogel eingesetzt. Sie soll als Prostituierte auf den Drogenboss lauern. Für diesen Einsatz zieht sie sich einen Lederrock sowie High Heels an und wartet an der Straßenecke. Der Drogenboss beißt nicht an. Vielleicht weil eine verdeckte Ermittlerin, die die ganze Zeit in ein koffergroßes Funkgerät flüstert, nicht unbedingt unauffällig ist. Tubbs und Crockett blasen die Aktion ab und sagen: »Nächstes Mal kriegen wir ihn.« Tun sie aber nicht. Das weiß ich, weil ich mir noch eine Folge angetan habe, und noch eine. Und obwohl meine Sicht durch die notwendige Schutzbrille eingeschränkt worden sein mag, kann ich nur sagen: In den frühen Achtzigern war Florida nicht nur aufgrund seiner geografischen Lage der perfekte Drogenumschlagplatz, sondern vor allem, weil dauernd ein beschränktes Filmteam unterwegs war, das mit seinen Verbrechen am Publikum vom wahren Problem ablenkte. Und ganz abgesehen von den modischen Verfehlungen dieser Zeit muss ich sagen: Heutzutage hätte sich nicht einmal die Pilotfolge von *Miami Vice* auf einem Spartensender ins Nachtprogramm schummeln können. Wie haben sich die Leute das früher freiwillig anschauen können, im ganzen Bild und in voller Länge?

Obwohl – bei den Einschaltquoten kann man ja auch tricksen. Vielleicht war es in vielen Wohnzimmern damals genau wie bei uns daheim: Die Eltern wussten genau, dass ihre Kinder sich hinter der Couch verbargen, täuschten alsdann einen Tiefschlaf vor und lockten so die Brut aus dem Versteck. Nachdem diese auf ihre Zimmer geschickt worden war, haben sie dann gar nicht mehr auf die Serie geachtet, sondern waren nur froh, endlich mal alleine zu sein. Das würde zumindest die Existenz des Nachkömmlings, also meines jüngeren Bruders, erklären.

Andererseits: Will man das so genau wissen? Sollte man nicht im Hier und Jetzt leben, der Jugend ihre Macken und ihr Konsumverhalten gönnen? Ist es vielleicht besser, die Vergangenheit nicht im Internet zu bestaunen, sondern sie romantisch verklärt im Gedächtnis zu parken? Ich empfehle das dringend. Und wenn die Farben auch vor dem geistigen Auge zu schrill aufleuchten oder die Zahnlücken von Kinderstars gigantisch werden: einfach eine Schippe Mehltau drüber.

Hosenrolle

Hollywood ist vielleicht nicht mehr die Traumfabrik, funktioniert aber immer noch genau wie jedes andere Großunternehmen: Frauen werden schlechter bezahlt als Männer. Wenn eine Schauspielerin nach der Babypause in den Beruf zurückkehren will, darf sie im besten Fall die Mutter des Kollegen darstellen, der in ihrem letzten gemeinsamen Film noch als ihr Lover fungierte. Taucht hingegen ein männlicher Darsteller nach vier Monaten Entzugsklinik wieder am Set auf, dann wird sein Comeback wie eine Auferstehung gefeiert. Aktricen zwischen dem vierzigsten und fünfzigsten Lebensjahr sollten sich in Skandale verwickeln lassen, damit sie sich von dem Geld, das sie aus den Paparazzi herausklagen, über Wasser halten können. Danach können sie nur hoffen, dass *Macbeth* endlich neu verfilmt wird und sie einen Hexen-Part abgreifen können. Das ist sexistisch, klar, aber leider auch die Wahrheit, Baby.

Und man darf auch nicht allzu sehr auf die bösen Produzenten schimpfen, denn die haben ja ganz andere Sorgen: Sie müssen aus erfolgreichen Büchern sehr erfolgreiche Filme machen. Problem dabei: Es sind vorrangig Frauen, die lesen. Daher sind die Helden in Büchern auch oft weiblich, also müsste rein theoretisch in der Verfilmung ebenfalls eine Frau die Hauptrolle spielen und folglich die höchste Gage bekommen. Aber das gefährdet das System. Also werden sehr viele Autoren allein damit beschäftigt, die Heldinnen aus den Büchern für die Verfilmung, nun ja, zu stutzen. Vor allem von der Textlänge her. Das geht schon bei Disney-Filmen los: Schneewittchen hatte für eine Titelrolle erstaunlich wenig Wortmeldungen, während man das Zwergenlied bis heute nicht aus dem Kopf bekommt. In vielen Actionfilmen sind Frauen auf die Figur des kleinen Dummerchen oder intrigante Schlampe reduziert, und die Serie *Homeland* will uns glauben lassen, dass die ganze Welt zwar verrückt ist, aber allein die weibliche CIA-Agentin deswegen staffelweise in der geschlossenen Psychiatrie untergebracht werden muss.

Da stellt sich die Frage: Müssen wir uns das weiter bieten lassen, Mädels? Und: Gibt es denn keine starke Frau in der gesamten Filmgeschichte, die sich nicht in dieses Raster hat pressen lassen? Nun, zumindest gibt es eine, die ich für manches bewundere. Marlene Dietrich soll einmal auf den Vorwurf, dass ihre Filme nicht die Realität widerspiegelten, gesagt haben: »Wenn ich Realität sehen will, dann gehe ich auf die Straße.« Chapeau, Marlene! Und ganz gleich, ob es sich bei diesem Bonmot um eine Anekdote handelt oder der Dialog wirklich so geschah, daraus können wir nur lernen. Vor allem im Umkehrschluss: Wenn offenbar kein Mann eine realistische Frauenfigur im Kino sehen will, dann müssen wir Frauen uns wohl im echten Leben etwas divenhafter verhalten. Also schauspielern. Um im Anschluss das zu bekommen, was wir wollen: bessere Rollen im Film und mehr Respekt im Alltag!

Ich will ehrlich sein, das Ganze erfordert Vorbereitung,

harte Arbeit und vor allem Disziplin. Beispiel: Keine will es wirklich zugeben, aber die Hausarbeit bleibt am Ende doch zum Großteil an uns Frauen hängen. Es mag sein, dass beide Partner Vollzeit arbeiten, trotzdem erwartet er klammheimlich von ihr, dass er eine saubere Wohnung und ein warmes Essen vorfindet, wenn er müde vom Tagewerk zu Hause eintrudelt. Mein Tipp: Überrascht ihn doch mal. Angetan im sexy Negligé erwartet ihr ihn schon im Türrahmen, als weiteres Accessoire dient eine Backform voll verkohltem Auflauf, aus der Küche dringen Rauchschwaden: Euer Liebster wird aller Wahrscheinlichkeit fragen: »Was ist passiert? Geht es dir gut?« Jetzt könnt ihr euch zwischen den Varianten hysterisches Dummchen und Femme fatale entscheiden. Brecht also entweder in Tränen aus und fallt ihm um den Hals, wobei ihr wimmert: »Ohne dich kann ich einfach nicht leben.« Oder ihr beißt ihm einfach neckisch ins Ohr und haucht: »Wenn du denkst, das Bad ist dreckig, solltest du erst mal sehen, was ich im Schlafzimmer mit dir vorhabe. Rrrrr.« Das dürfte irritierend wirken, bestenfalls. Mancher Mann mag instinktiv zum Faktencheck übergehen und sagen: »Na, das zahlt bestimmt die Hausratsversicherung!« Dann kichert ihr und lasst ihn wissen: »Die habe ich verbrannt. Ich musste doch die Beweise vernichten. Wir sind doch Doppelagenten, Dummerchen! Komm, wir müssen los, dein geliebtes Auto bei einer wilden Verfolgungsjagd zu Schrott fahren!«

Natürlich birgt dieser Versuchsaufbau die Gefahr, dass ihr ebenfalls in der Nervenheilanstalt landet, oder zumindest beim Paartherapeuten. Deswegen empfehle ich für Einsteigerinnen die Methode: »Steter Tropfen höhlt den

Stein«. Viele Männer finden, dass Frauen zu viel reden. Und alles besser wissen. Also einfach mal die Klappe halten. Drei Wochen sollten genügen. Auf Fragen wie: »Weißt du, wo mein Schlüssel ist?« antwortet ihr nicht halb automatisch: »Da, wo du ihn als Letztes hingelegt hast«, sondern schüttelt nur lolitamäßig das Köpfchen und bekennt mit leicht zitternder Unterlippe: »Nein. Was weiß ich schon.« Spätestens bei einem gesellschaftlichen Anlass wie etwa einer Hochzeit, bei der Kfz-Zulassungsstelle oder beim Orthopäden wird der Mann schließlich darum betteln, dass ihr wieder das Ruder in puncto Konversation in die Hand nehmt. Stattdessen aber nehmt ihr erst einmal sein Kinn in die Hand und raunt ihm zu: »Okay. Ich zeige es dir noch einmal, Kleiner.« Dann müsst ihr blitzschnell in den Actionmodus wechseln, also je nach Situation die nervige Erbtante mit Eierlikör abfüllen, den Typen bei der Zulassungsstelle so lieblich angurren, dass er dahinschmilzt, oder der Sprechstundenhilfe ein Kompliment über ihre verbotene Frisur machen. Danach zwinkert ihr eurem Partner zu, als wärt ihr Angelina Jolie und hättet noch einen Juwelenraub als Anschlusstermin. Zum großen Finale schwebt ihr hüftschwingend von dannen.

Dieser Teil ist wichtig. Ihr müsst die Männer zappeln lassen. In den meisten Fällen wird er vor euch auf die Knie fallen und euch beschwören, wieder eine normale Frau zu werden: blitzgescheit, kompetent und allwissend. Körperlich nicht perfekt, sportlich durchschnittlich begabt, aber im Grunde eine Göttin. Das ist eure Chance, neue Konditionen auszuhandeln: Die lästigen Pflichten werden gerechter aufgeteilt, sodass ihr euch eurer Karriere ebenso widmen könnt wie er. Wirft er noch einmal seine Klamotten neben den Wäschekorb, droht ihr damit, eure Mahlzeiten nur noch mit euren Freundinnen einzunehmen, in teuren Restaurants, wo ihr bei Mittagscocktails über die Kerle herzieht. Um die Ernsthaftigkeit eurer Forderungen zu unterstreichen, pinnt ihr ein Foto von Kim Cattrall alias Samantha aus *Sex and the City* an den Kühlschrank.

Auf diese Weise werden wir dann endlich die Gleichberechtigung erlangen, für die wir seit Jahrzehnten kämpfen. Wenn es gut läuft. Männer können ja auch extrem überreagieren, wenn sie sich übertölpelt fühlen. Außerdem sitzen sie ja oft noch an den Hebeln der Macht. Und falls sie zufällig in der Filmbranche tätig sind, müssen wir uns warm anziehen. Zumindest vor der Kamera. Denn die Rache der Kerle könnte furchtbar werden. Vielleicht erfinden sie in ihrer Verwirrtheit ein ganz neues Genre, nämlich Männerfilme für bekennende Softies, also postmoderne Schmachtfetzen, in denen die Welt gezeigt wird, wie sie vorher war. Oh nein. Ich sehe schon im Geiste furchtbare Machwerke wie: *Gemeinsam auf dem Markt* oder *Wir planen einen Kurztrip*. Darin dackelt ein pummeliger Taugenichts seiner Partnerin stundenlang stumm hinterher, während diese bestimmt, was es am Wochenende zu essen geben wird. Das Heroischste, was der arme Kerl tun darf, ist, sich allein an der Fleischtheke anzustellen. Der erotischste Dialog wird folgendermaßen lauten:

Er: »Wollen wir heute mal einen gemütlichen Abend auf der Couch machen?«

Sie: »Oh ja. Wir könnten Pizza bestellen.«

Und das machen die dann. Ungeschminkt, in Wollsocken. Vor Publikum.

Erst wird das gesamte Filmbusiness zusammenbrechen, dann die Restwirtschaft. Die Geburtenrate in den Industrieländern wird gen null sinken, weil echte Paare gesehen haben, wie sie in echt aussehen und handeln.

Wenn ich noch einmal darüber nachdenke: Es ist gut, dass das Kino nicht die Realität widerspiegelt und umgekehrt. Wir Frauen müssen also doch einen anderen Weg finden, um uns vollständig zu emanzipieren. Vielleicht öfter auf die Straße gehen, statt vor dem Fernseher zu versumpfen. Das zumindest hat Marlene Dietrich ja in den letzten vierzehn Jahren ihres Lebens kaum noch getan. Oder doch? Vielleicht hat sich die große Diva ja einen Mordsspaß draus gemacht, in bequemen Schuhen, Joggingkluft und ohne Make-up unerkannt durch Paris zu schlendern. Und wenn sie der Hafer stach, hat sie live die verrückte alte Hexe gespielt, die schmollmündigen Mädchen zuschrie, dass sie sich nicht ihr Leben lang auf ihr gutes Aussehen verlassen sollten. Ich weiß, es ist unwahrscheinlich. Aber man wird ja wohl noch träumen dürfen, auch weit weg von Hollywood.

Käse streicheln

Ich habe mich an einiges gewöhnt, da selbst mir die Zeit fehlt, mich über alles und jeden aufzuregen: Männern mit Dutt begegne ich ebenso tolerant wie Frauen mit entstellenden Brillengestellen. Meinetwegen darf auch jeder einen Retro-Tapetenladen eröffnen oder Sexspielzeug aus Bambus im Internet vertreiben. Ich muss den Mist ja nicht kaufen, es sei denn, ich stehe auf dem etwas anderen Weihnachtsmarkt und habe Hunger. Also, nicht auf irritierenden Wandschmuck oder vegane Dildos, sondern eher auf was Klassisches. Reibekuchen zum Beispiel.

Zum Glück wird diese Spezialität auch auf dem alternativsten aller winterlichen Hipster-Happenings angeboten, da Kartoffeln nicht in Qualzuchten entstehen, jedenfalls soweit man bis heute weiß. Als ich mich in der langen Schlange vor der schmucklosen Reibekuchenbude mit dem spröden Namen »Die Landliesl – Gutes vom Gut« anstelle, werde ich ganz nostalgisch: Was ist nur aus all dem Pomp geworden? Warum heißt das Büdchen nicht angeberisch-verheißungsvoll: »Lieselottes Pufferzone«? Und wieso ist es nicht mit Tannenzweigen zugetackert? Es muss ja nicht immer Lametta sein, aber was wäre gegen ein paar Mehrweg-Christbaumkugeln einzuwenden? Und warum trägt die Landliesl selbst keinen albernen Rentierhaarreifen auf dem Kopf, zur Belustigung der Marktbesucher? Nun, immerhin beantwortet sich die letzte Frage von selbst – die Verkäuferin ist schon ohne saisonale Kostümierung gestraft genug. Mit grimmiger Miene zerhobelt sie auf einer prähistorisch anmutenden Riesenreibe einen Erdapfel nach dem anderen. Das sieht mehr als anstrengend aus, aber immerhin fällt der Schweiß ihres Angesichts nicht in den Teigbottich. Die Liesl schwitzt zumindest recht geschickt, das ist ja auch schon eine Kunst, oder wenigstens Hygienevorschrift. Außerdem entstehen durch die monotone Tätigkeit des Powerreibens Armmuskeln, die ich als beneidenswert bezeichnen würde, wenn diese nicht an den falschen Stellen wüchsen. Falls die Liesl mal irgendwann der Knollen überdrüssig werden sollte, kann sie auf Spinat umsatteln, denke ich. In einer Realverfilmung von *Popeye* würde sie mit diesen Unterarmen aber vom Fleck weg als Körperdouble engagiert werden. Und obwohl die Liesl zwischendurch die Zeit findet, ihre Kundschaft anzuraunzen, scheint sie mir nicht ausgeglichen, sondern kreuzunglücklich. Sie ist und hat eine tragische Figur, und da die Schlange vor mir nicht kürzer, sondern länger zu werden scheint, kann ich darüber sinnieren, was mit der Liesl wohl geschehen sein mag, dass sie hier endete. Ich schätze mal, sie hat erst zu spät und dann falsch ferngesehen. Ein Schicksal, das viele Laien ereilt und vor dem ich kommende Generationen warnen will.

Denn Fernsehen dient einzig und allein der Unterhaltung, nicht der Berufsberatung. Auch die öffentlich-rechtlichen Sender lassen uns stets rechtzeitig wieder in unsere gut gepolsterte Traumwelt fallen. Das kann man schon an dem Aufbau der Nachrichten erkennen: Krieg, Katastrophen, Politskandale, ja, alles ganz schrecklich, aber dann: die Bundesliga-Ergebnisse, gefolgt von den Lotto-zahlen. Mist, wieder beides nicht gewonnen, aber die Hoffnung wird genährt. Nächstes Mal klappt es. Da hauen wir die Bayern raus, und unsere Zahlen werden gezogen. Zum Abschluss dann der Wetterbericht, Vorher-sagen, denen wir tatsächlich Glauben schenken, obwohl ein Blick aus dem Fenster uns etwas ganz anderes nahe-legt.

Meiner Expertise nach heißt die Liesl dank ihrer Eltern und laut ihrem Ausweis Elisabeth. Schon damit dem Kind von Anfang an alle Möglichkeiten offenstanden, es von der Verwandtschaft zärtlich »Lisbeth«, von den guten Freunden »Lisa« oder »Elli« genannt werden konnte. Man hat sich sogar damit auseinandergesetzt, dass es wahrscheinlich eine rebellische Phase im Leben des Mäd-chens geben und es von einem ungeeigneten ersten Freund »Betty« gerufen werden wird. Aber dank ihres gesunden Menschenverstandes und der guten Gene würde Elisabeth schon auf den richtigen Pfad zurückfinden und Anwältin werden. Oder auch Chirurgin. Die geschickten Finger wurden ja durch den intensiven Cello-Unterricht geschult, die Familie ist intakt, was sollte da schon dazwischen-kommen?

Genau, das sogenannte Bildungsfernsehen. So war es der kleinen Elisabeth zwar gestattet, *Die Sendung mit der Maus* zu schauen, aber schon die *Teletubbies* waren tabu. So lernte Elisabeth, dass Recycling und Jahreszeiten tolle Konzepte sind und Armin und Christoph die ganze Welt erklären können. Sie fühlte sich glücklich, geborgen und sehr schlau. In späteren Jahren wurde dieser Verdacht behutsam genährt, ab und an sah Elisabeth denn auch eine Aufzeichnung von Theaterstücken oder ein vierstündiges Konzert auf Arte. Zu hohen Feiertagen wurde ihr ebenfalls erlaubt, eine Dokumentation über Quantenphysik zu verfolgen, solange diese nicht allzu populistisch aufgearbeitet worden war. Im Anschluss an die Sendung gab es einen kurzen schriftlichen Test, um das Erlernte abzufragen. Es waren glückliche Zeiten.

Daher machte Elisabeth auch gar keine schwierige »Betty«-Zeit durch, sondern war stattdessen ein furchtbar angepasster Teenager. Die Eltern freuten sich, alles sah so aus, als kämen sie später in ein schönes, teures Seniorenheim. Und dann geschah es doch noch, leicht verspätet, aber umso verhängnisvoller. Im fünften Semester ihres Studiums erlitt Elisabeth einen Burn-out, den sie mit einem grippalen Infekt verwechselte. Ihr angegriffenes Immunsystem fesselte sie an ihre schnuckelige Wohnung, wo Elisabeth zum ersten Mal in ihrem Leben mit dem Phänomen Langeweile konfrontiert wurde. Sie war zu vernünftig, um zu lernen, und zu unkonzentriert, um sich mit Belletristik aufzumuntern. Also gönnte sie sich eine Stunde vor dem Fernseher. Eine Reportage auf 3sat, warum denn auch nicht? Der Titel der Sendung lautete: *Entschleunigt durch die Alpen.* Klingt herrlich entspannend, aber gleichzeitig ein wenig sportiv, dachte sich Elisabeth und schaltete ein. Den jungenhaften Moderator schloss sie sofort in ihr großes Herz. Er wirkte etwas unbeholfen in seiner neuwertigen Funktionskleidung, die Schuhe schienen zu groß für ihn, die Alpen ebenso. Das Bürschchen gestand auch sofort ein: »Vielleicht habe ich die Wegstrecke unterschätzt. Gut, dass mir Claire, eine

Naturschützerin aus einem kleinen Dorf bei Chablais, zur Seite steht.« Claire lächelte in die Kamera, Elisabeth lächelte leicht gequält zurück. Sie erwischte sich bei dem Gedanken: Mist, diese Französinnen, die haben es einfach drauf. Denn Claire stand in kurzer Hose und Tanktop da, trug das Outfit aber nicht wie ein trampeliger Tourist, sondern einfach lässig. Claires derber Humor war zwar nicht witzig, sie selbst lachte aber ganz bezaubernd, als sie den Moderatoren-/Amateur-Alpinisten wissen ließ: »Wahrscheinlich wirst du heute Abend fiese Blasen an den Füßen haben, die dir Höllenqualen bereiten.« Nun ja, das klingt ja auch viel süßer auf Französisch, der Sprache, in der die beiden entschleunigten Wanderer miteinander kommunizierten. Die deutschen Untertitel waren entsetzlich kleingeschrieben, zum Glück durfte der Moderator aber noch aus dem Off die bisherigen Heldentaten Claires umreißen, die hervorragend zu der gewaltigen Bergkulisse passten: »Claire wuchs in der Gegend auf und kehrte nach ihrem Studium an der Sorbonne in ihre geliebte Heimat zurück. Die Landschaft ist rau, das Leben hart. Und bei all ihrem Einsatz für die bedrohten Zwergmurmeltiere hat Claire ihren Blick für die einzigartige Schönheit der Natur nicht verloren.« Claire pflückte dann ein Unkraut vom Wegesrand, welches laut ihrer Aussage gegen alles außer Versicherungsmaklern helfe. Der Moderator schnüffelte, nickte und war dem Charme seiner Gebirgsführerin nun komplett erlegen.

Elisabeth vor dem Bildschirm hingegen grämte sich. Warum nur war sie nicht in einer kargen, rauen Landschaft aufgewachsen, sondern in Köln-Marienburg? Und weshalb studierte sie überhaupt Kulturwissenschaften mit

Schwerpunkt Katastrophen-Nothilfe, wenn es dieses Wunderkraut gab? Ihr Neid auf Claire wurde immer größer, da half es wenig, dass die französische Ausgabe von Wonder Woman zugab: »Ich bin allerdings auch etwas erschöpft. Gut, dass wir gleich Brotzeit halten können auf unserer Ziegenfarm. Mein Bruder Jean-Baptiste erwartet uns schon.«

Denn die Ziegenfarm war – das perfekte Idyll. Eine geräumige Holzhütte an einem rauschenden Gebirgsbach. Zicklein hüpften munter von Stein zu Stein, ihr leises Gemecker verhieß pure Glückseligkeit. Elisabeths Sehnsucht schwoll an: »Ich sollte Zicklein züchten, in den Bergen. Dort gelten Frauen mit herben Gesichtszügen nicht nur als wunderschön, sondern sind wahrhaft glücklich.« Claire führte derweil den aufgeregten Moderatoren durch die hauseigene Käserei. Und da stand er dann, der Mann vom Berg, ein Berg von einem Mann: Jean-Baptiste. Er war umwerfend. Sein Lächeln. Seine wachen Augen. Seine Schürze ließ ihn nur noch schärfer wirken, und wie er mit seinen Händen den Käse wendete, da wurde unserer Elisabeth ganz anders. Jean-Baptiste streichelte seinen Käse. Mit der berühmten rauen Herzlichkeit der Region, denn nur so erreicht er sein Aroma, seine Festigkeit, seinen Stolz. Claire lächelte wohlwollend, die Geschwister hauchten sich einen Kuss zu. Da war es dann geschehen um Elisabeth. Sie wollte keine Ziegen mehr züchten, sie wollte wie Claire sein. Nein, sie wollte Käse streicheln, in luftiger Höh', neben Jean-Baptiste, oder noch besser: Sie wollte Käse sein, in seinen Händen.

Elisabeth erschrak vor ihren eigenen Gedanken, schämte sich sehr und schaltete den Fernseher aus. Dann nahm sie sich ein Freisemester. Ihre Eltern waren nicht wirklich beunruhigt ob dieser Entscheidung, denn Elisabeth hatte sie ein wenig angeschwindelt: Sie hatte angegeben, sie wolle in dieser Auszeit gar nicht sich selbst, sondern das Thema für ihre Masterarbeit finden. Kurz: Die Eltern hatten keine Ahnung, dass ihre einzige Tochter der Welt beweisen wollte, dass sie die bessere Claire war: härter als der Montblanc, aber gleichzeitig weicher als Ziegenkäse.

Leider war unsere Elisabeth nicht völlig verblödet. Sie ahnte, dass sie nicht einfach in die französischen Alpen würde fliegen können, um dort wie zufällig bei der Ziegenfarm aufzukreuzen, um Jean-Baptiste um den Finger zu wickeln, während Claire mit tapsigen Fernsehmoderatoren durchs Gelände streunte. Nein, Elisabeth musste ganz unten anfangen, am Fuße des Berges, und der Aufstieg würde mühsam werden. Also trainierte Elisabeth. Sie posierte vor dem Spiegel, so stolz wie ein Steinbock zu schauen, und übte auch viel, nicht ganz so belämmert in beigen Shorts auszusehen. Sie erstand sauteure Barfußschuhe, in denen sie bald durch den Stadtwald joggte. Des Abends salbte sie ihre geschundenen Quanten mit einer Creme, die Spuren des Krauts enthielt, welches einst Claire am Wegesrand gepflückt hatte. Und endlich, als sie sich äußerlich und seelisch fit für den nächsten Schritt fühlte, bewarb sie sich für ein unbezahltes Praktikum im Streichelzoo. Aufgrund ihrer offenkundigen Überqualifizierung für den Job musste sie sich bei dem Vorstellungsgespräch etwas dumm stellen, aber schon wenige Wochen später durfte sie zu einem Probetag antreten. Pünktlich um sechs Uhr morgens wartete sie an den Pforten des

Tierparks, und als der Chefpfleger sie sah, waren seine Worte nicht »Guten Morgen«, sondern: »Hast du keine Gummistiefel dabei?« Elisabeth verneinte, der Pfleger zuckte mit den Schultern. Und so begannen die schlimmsten, aber auch entscheidendsten Stunden im Leben unserer zukünftigen Landliesl.

Elisabeth stellte fest, dass Ziegen nicht riechen. Sie stinken, besonders die Böcke. Noch schlimmer als ein Ziegenbock riecht eigentlich nur Ziegenbockmist. Trotzdem schaufelte Elisabeth tapfer im Stall herum. Die Tiere zeigten sich undankbar. Statt lieblich herumzutollen, knabberten sie an ihren Shorts und schubsten sie durch das Gehege. Zum Mittag hin ahnte Elisabeth, weshalb diese Tiere dem Satan selbst zugeschrieben wurden. Dennoch wollte sie wissen: »Und wann werden die gemolken? Wo wird der Käse gemacht?« Da lachten alle Angestellten, und auch die Ziegen meckerten boshaft. Der Pfleger sagte: »Mädchen, von welchem Planeten kommst du? Die Kleinen werden mit der Milch gesäugt, bis die nicht mehr niedlich sind. Dann: Schlachter, Weiterverfütterung an die Raubtiere. Kein Käse, pah.« Elisabeth schluckte, unterdrückte eine Träne und hakte zaghaft nach: »Aber das ist nur hier so, oder? In so kleinen ökologischen Betrieben, da läuft das anders, oder?« Der Pfleger runzelte die Stirn: »Ja, da werden die Zicklein früher geschlachtet, weil die die Milch ja nicht wegtrinken dürfen, von wegen Käse machen und so, ne? Außerdem sind sie dann zarter und können so noch von Menschen verzehrt werden. Ja, das wäre der natürliche Kreislauf, klar.« Und da sprang unsere Elisabeth auf und lief schluchzend davon. Der natürliche Kreislauf, ha, von wegen. Menschen waren ja so grausam. Und Tiere stanken so. Die Welt war böse und Jean-Baptiste ein Schwindler und Schlächter. Wahrscheinlich stritt er sich auch mit Claire bis aufs Blut, auf seinem Berg, sobald die Kameras nicht auf sie gerichtet waren.

Ja, Elisabeth sah endlich klar. Das war einerseits schön für sie, andererseits kann Erkenntnis ja auch zu Verbitterung führen. Von Fernsehen, Fauna und Menschheit betrogen, schwor Elisabeth Rache. Basierend auf Wissenschaft, Marketing und Kunst. In Rekordzeit verfasste sie ihre Masterarbeit zum Thema »Steigende Laktoseintoleranz bei Großstädtern« und wurde fundamentalistische Veganerin. Sie kaufte einen Acker, auf dem sie polnische Leiharbeiter die beliebten Nachtschattengewächse säen, ernten und zu den Märkten verschiffen ließ. Nach einem Business-Seminar wurde ihr klar, dass man weitaus mehr Geld aus einer Kartoffel schlagen konnte, wenn man sie aufs Simpelste veredelte, und schon bald stand sie als Landliesl da.

Und jetzt stehe ich ihr direkt gegenüber: »Mit oder ohne?«, herrscht sie mich an. Weil ich mir einen Hauch von Luxus zu Weihnachten gönnen will, sage ich »Mit!« und bekomme drei Reibekuchen in Altpapier auf die Hand geklatscht, dazu ein Töpfchen Apfelmus. »Macht sechs Euro«, keift Liesl. Ich sehe ihr direkt in die Augen und sage weltgewandt: »Nun, das scheint mir ein stolzer Preis zu sein. Dennoch ist er wohl um ein Vielfaches niedriger als das, was Sie als Lehrgeld zahlen mussten.« Die Liesl schaut mich belämmert an, ich gehe von dannen. Im Weggehen höre ich sie noch lästern: »Ey, nächstes Jahr spare ich mir den Aufriss hier und gehe zurück an die Uni. Ich halte diese Freaks nicht mehr aus!«

Und dann wird mir doch noch ganz warm und weihnachtlich ums Herz. Wieder konnte ich einem Menschen verdeutlichen, dass es nie zu spät ist, etwas Neues mit seinem Leben anzufangen. Wieder daheim, finde ich meinen Patensohn auf der Couch vor. Aufgrund seiner noch mangelnden Deutschkenntnisse schaut er sich das Kinderprogramm an, um einen tieferen Zugang zu unserer Kultur zu erlangen. Seine Wahl fiel auf eine Folge von *Die Sendung mit der Maus*, und da ich eine tolerante Patentante bin, lasse ich ihn das Geschehen nicht nur verfolgen, sondern bin auch für seine Fragen offen. Und er stellt eine gute: »Habe ich das richtig verstanden, Katinka? Den deutschen Kindern wird beigebracht, dass sie, wenn sie vor einem Hindernis stehen, nur kurz blinzeln müssen, um sich dann einen Körperteil abzuklemmen, um aus sich selbst einen Hubschrauber zu basteln? Lass mich raten: Die wollen dann später alle Transformer werden, oder?«

»Im besten Fall«, gestehe ich und schenke uns beiden ein Glas Vollmilch nach. Der Junge leert es in einem Zug. Stolz betrachte ich mein amerikanisches Mündel. Kaum neunzehn Jahre alt, aber schon macht der begabte Junge keine Unterschiede zwischen Lach- und Sachgeschichten. Er hat eine große Zukunft vor sich, da bin ich sicher.

The Good, the Bad and the Ugly

Als meine Eltern 1972 heirateten, galt dieses Bündnis noch als Mischehe. Denn meine Mutter stammt aus einer katholischen Familie, während die meines Vaters den Protestanten angehört. Der Skandal hielt sich zwar in Grenzen, schon weil sich das Ganze nicht in Nordirland, sondern in Münster/Westfalen abspielte. Dennoch machten sich Teile der Verwandtschaft Gedanken, ob die zu erwartenden Kinder einst zur Kommunion oder zur Konfirmation antreten würden. Um niemandem mehr vor den Kopf zu stoßen, traten meine Eltern aus ihrem jeweiligen Gottesverein aus und tauften ihren Nachwuchs vorsichtshalber gar nicht. Dabei sind meine Eltern durchaus gläubig. Beide glauben unverwüstlich daran, dass man einen freien Sonntag nicht durch einen Kirchgang unterbrechen sollte. Wenn meine Schwester und ich uns stritten, wurden uns zwar nicht die Leviten gelesen, aber es wurde uns schon mal das Gleichnis der Arbeiter auf dem Weinberg nacherzählt. Wobei mein Vater oft Gott außen vor ließ und eine recht alternative Moral am Ende präsentierte: »Also, Kinder, immer das Kleingedruckte lesen, bevor ihr einen Arbeitsvertrag unterschreibt!« Außerdem haben meine Eltern mir früh beigebracht, dass die Suche nach einem spirituellen Mentor extrem zeitsparend ausfallen kann, wenn dieser schon im heimischen Wohnzimmer bereitsteht.

Nun bin auch ich nicht so ketzerisch, dass ich den Fernseher als meinen persönlichen Jesus preisen möchte. Nein, er war mir vielmehr ein guter Hirte. Und ein böser. Sehr oft auch ein mittelmäßiger. Aber bis heute ist er immer für mich da, wenn ich hadere. In meiner Jugend beschäftigte mich zum Beispiel eines der großen theologischen Probleme überhaupt, nämlich: Was hindert mich daran, vom rechten Pfad abzuschweifen? Und was soll am Gutsein so gut sein?

Zum ersten Mal kam mir die Idee, dass ich auf der dunklen Seite der Macht vielleicht besser aufgehoben sei, als ich *Das Schweigen der Lämmer* sah. Ausnahmslos jedes Mädchen in meiner Klasse (und wahrscheinlich meiner gesamten Generation) liebäugelte nach dem Kinobesuch mit einer Karriere beim FBI. Alle wollten sie Special Agents und Profiler werden und wie die toughe Clarice Starling gestörte Serienkiller zur Strecke bringen. Ich hingegen fragte mich, was daran reizvoll sei, wahlweise in marineblauen Kostümen oder im Jogginganzug an der verregneten Ostküste hin und her zu hetzen, zu allem Überfluss auch noch mit dem ganzen psychologischem Ballast im Gepäck und dem blassen Gesicht von Jodie Foster. Der Job von Agent Starling erschien mir noch deprimierender als ihr nicht vorhandenes Privatleben. Und am Ende waren alle sauer auf sie, weil sie eben nur die Zweitschlauste war. Hannibal Lecters Lebensstil hingegen repräsentierte ziemlich genau das, was ich mir für meine Zukunft vorstellte: Hochbegabte wie er und ich brauchen eben den Nervenkitzel sowie die Abwechslung zwischen Abenteuer und Regeneration. Selbst eine Karriere als angesehener Psychiater kann da schnell langweilig werden, daher war es nur logisch, dass Lecter irgendwann die Abgeschiedenheit einer Zelle im Hochsicherheitstrakt vorzog. Kost, Logis und Ruhe, alles auf Staatskosten. Aber das Beste: Statt neurotischer Patienten, die ihm die Ohren mit ihren Problemchen vollheulen, hörten die Leute nun ihm zu. Und als sein Ego genug gestreichelt geworden war, biss er sich eben wieder durch, in die Freiheit. Der Gesellschaft hat er noch etwas zurückzugeben, indem er das FBI auf die Schliche von Buffalo Bill brachte. Als ich diese Beobachtungen meinen Freundinnen schilderte, resümierte ich zum Ende meines Plädoyers: »Natürlich ist der Kannibalismus bei der ganzen Angelegenheit eher unappetitlich. Andererseits: Wenn ich eine von euch umbringen müsste, würde ich euch auch aufessen. Sonst wäre das Verschwendung.«

Erstaunlicherweise wies mein gesellschaftliches Leben nach dieser Aussage frappante Ähnlichkeit mit dem von Clarice Starling auf. Und da ich mit sechzehn weder einen Job beim FBI noch sonst wo hatte, suchte ich Rat in den heiligen Hallen des Pantoffelkinos. Ich fragte den Fernseher ganz direkt: »Wenn mich sowieso alle für bekloppt halten, warum sollte ich dann nicht Kapitalverbrecherin werden?«

Und statt mich zu schelten oder direkt die Behörden einzuschalten, zeigte mein Fernseher mir zunächst bewegte Bilder, die meinen Gedankengang untermauerten. Auf einem Privatsender hatte er die passende Predigt parat, nämlich einen x-beliebigen Politthriller. Mit diesem Prototyp seines Genres führte er mir vor Augen, dass kein Gewerbe leichter zu betreiben ist als das des Auftragskillers. Je hochrangiger die zu meuchelnde Person, desto einfacher bekommt man sie vor die Flinte. Im Grunde muss man nur abwarten, bis der amerikanische Präsident bei einer Wahlkampfveranstaltung in einem belebten Stadtviertel auftritt. Dann schleicht man sich in die oberste Etage des gegenüberliegenden Gebäudes und wartet. Falls es länger dauert, kann man sich die Zeit damit vertreiben, darüber nachzusinnen, weshalb die oberste Etage des Gebäudes, das sich gegenüber von dem Wahlkampfveranstaltungsort befindet, immer leer steht. Bei den horrenden Mieten in den Großstädten und der Toplage ist das doch ein Unding. Da will man ja selbst fast die Behörden verständigen und denen einen Tipp wegen Immobilienspekulation geben. Aber das wäre extrem unprofessionell, selbst für einen Ersttäter. Es gilt ja, Spuren zu verwischen, statt neue zu legen. Also raucht man besser, während man wartet. Klingt paradox, ist aber raffiniert: Denn an diesem speziellen Tag nimmt man sich einmal zusammen und raucht nicht die Marke, die man sonst qualmt. So wird man von vornherein als Verdächtiger ausgeschlossen. Wer sichergehen will, schnappt sich vor dem Attentat noch einen gut gefüllten Aschenbecher vom Außenbereich einer Gaststätte und verstreut den Inhalt großflächig auf dem Fußboden. Ich frage mich, weshalb bis heute noch kein Verbrecher in der gesamten Geschichte auf den simplen Trick gekommen ist, die DNS von Tausenden am Tatort auszustreuen. Ich muss gestehen: Noch vor der zweiten Werbepause war ich arg versucht, in die USA zu reisen und … Nein, nicht meine Dienste als Auftragskillerin dort bei eBay-Kleinanzeigen anzubieten. Das erschien selbst mir zu unseriös. Außerdem hegte ich den Verdacht, dass man bei dem Job gar keinen Arbeitsvertrag erhält, in dem ich das Kleingedruckte hätte lesen können. Nein, ich würde direkt im Weißen Haus vorstellig werden, um den Präsidenten vor der drohenden Gefahr zu warnen. Allerdings muss man ja auch da wieder höllisch auf seine Formulierungen achten. Ein Einstieg wie »Sir, bei allem Respekt: Ihr Wahlkampf ist nicht nur dämlich, sondern auch fahrlässig. Bisher hatten Sie Glück, dass niemand in diesem Land so schlau war, sich meines genialen Zigarettentricks zu bedienen, aber glauben Sie mir: Sie können nicht ewig auf die mangelnde Intelligenz Ihres Volkes setzen« hätte unter Umständen das Ende der transatlantischen Beziehungen bedeutet. Und da der damalige Amtsinhaber George W. Bush war, hätte meine ganze Aktion wahrscheinlich im Dritten Weltkrieg geendet.

Ich merkte: Ab einer gewissen Ebene ist es schwierig, Gut von Böse zu unterscheiden, und plötzlich auftretende Skrupel können unter Umständen die ganze Menschheit gefährden. Zum Glück half mir mein Fernseher wieder, indem er mir vorschlug, mal einen Gang runter- beziehungsweise umzuschalten und etwas kleiner zu denken.

Der nächste Film, den mein Ratgeber mir vorführte, lehrte mich Demut und Kompromissbereitschaft: Vielleicht war ich als Kriminelle eher für die Basis geeignet: volksnah, gütig, gerissen, aber beliebt und gesellig. Statt auf Waffengewalt sollte ich auf verschiedenste Kostümierungen zur Tarnung setzen, aber bitte keine Leggins. So konnte ich mich durchaus als modernen Robin Hood sehen, der den Witwen und Waisen hilft, dabei das Kapital nicht verdammt, sondern gerecht verteilt. Folglich wäre ein eleganter Kunstraub, wie er in dem Film gezeigt wurde, das perfekte Verbrechen für mich. Alles, was man dazu benötigt, ist ein gutes Team, sprich: einen kauzigen Archivar, der die Baupläne der halben Stadt beschafft, ein Computergenie, ein bis zwei Sprengmeister fürs Grobe und natürlich noch einen verkrachten Künstler, der im Vorfeld eine täuschend echte Kopie von dem Werk anfertigt, das man mopsen will. Last but not least einen distinguierten, aber lässigen Millionär vom Kaliber eines Pierce Brosnan, der unauffällig das zu beraubende Museum ausbaldowert. Ich selbst fungierte dann als der heimliche Kopf der Bande, das coole Kätzchen, also die Powerfrau, deren Blick Diamanten schleifen kann. Der Part ist sehr dankbar, weil man eigentlich nur mit dem Millionär flirten muss, bis man irgendwann vor einem Gewirr aus Laserstrahlen steht, das die Meisterdiebe von dem zu raubenden Rembrandt trennt. Dieses wird ja im Allgemeinen dadurch von der Katzenlady überwunden, indem sie durch die Aneinanderreihung mehrerer Flickflacks und doppelter Salti bis zum Gemälde vorturnt, um dort angekommen den Alarm abzuschalten.

An dieser prekären Stelle würde ich etwas anders verfahren. Denn ich bekomme zwar nicht mal einen sauberen Purzelbaum auf die Reihe, dafür kann ich aber meinen Verstand benutzen. Ich würde mich an die versammelte Mannschaft wenden und ihr mitteilen: »Leute, ich habe nachgedacht. Wenn wir jetzt dieses Meisterwerk klauen, die Kopie an seine Stelle hängen und es tatsächlich alle hier rausschaffen, was machen wir dann mit dem alten Schinken? Ich meine, es in unser Jagdschlösschen zu hängen, um uns ganz exklusiv an seinem Anblick zu erfreuen, geht ja irgendwie an der Idee vorbei. Und das Bild an einen exzentrischen Typen zu verhökern, der es dann seinerseits in sein Schlösschen hängt … ihr seht, da beißt sich die Katze in den Schwanz. Außerdem bleibt da nach den ganzen Transportkosten, Hehlergebühren und dem Abzug unserer Spesen nicht mehr allzu viel übrig für die Witwen und Waisen, oder? Aber da wir gerade von exzentrischen Geldsäcken sprechen: Ich habe mich gefragt, weshalb unser Pierce-Brosnan-Verschnitt nicht von vornherein einen großen Teil seines Vermögens einfach an wohltätige Zwecke spendet, um so für soziale Gerechtigkeit zu sorgen. Ich meine, wenn es nur um den Adrenalinkick geht, kann der ja wie jeder normale Mensch einen Tandem-Fallschirmsprung im Internet buchen, oder? Also, wer dafür ist, dass wir hier abbrechen und uns alle von unserem Möchtegern-Menschenfreund zum Abendessen einladen lassen, der hebe jetzt die Hand … Na, das war ja fast einstimmig. Demokratie funktioniert eben doch.«

An dieser Stelle der Abendandacht fiel es mir wie Schuppen von den Augen: Verbrechen lohnen sich nur, wenn man rechtzeitig vor der eigentlichen Straftat abbricht! Der Weg ist das Ziel und Vorfreude die schönste Freude. Wer braucht schon diese überbewerteten Erfolgsabschlüsse, wenn er stattdessen neue Freunde gewinnen kann, die einem bestimmt mal bei einem Computerproblem aushelfen oder die Sixtinische Kapelle an die Schlafzimmerdecke pinseln können?

Mein Fernseher schien eher semizufrieden mit der Lehre, die ich aus den letzten drei Stunden gezogen hatte. So ließ er mich einen Krimi einschalten, und zwar direkt in der Krankenhausszene, die mittlerweile so obligatorisch ist, dass jedes Kind sie fehlerfrei herunterbeten kann. Der Kronzeuge liegt dort angeschossen im Koma, der Hauptkommissar weist den vor dem Zimmer Wache haltenden Kollegen an: »Lassen Sie niemanden hinein. Und halten Sie unter allen Umständen die Stellung. Der Killer könnte sich Zugang zum Gebäude verschaffen.« Der Streifenpolizist nickt den Auftrag stets artig ab, der Kommissar geht seiner Wege. Minuten später ist der Zeuge mit einem Kissen erstickt worden, vom Killer, klar. Die Schuld an diesem Verbrechen trägt aber der Kommissar, der einfach nicht richtig delegieren kann. Wäre ich an seiner Stelle, so würde ich sagen: »Na, waren wir denn vor Schichtbeginn auch noch mal auf der Toilette, hm? Falls nicht, dann jetzt aber hurtig. Außerdem ist hier eine Kanne Kaffee, damit Sie nicht zwischendurch zum Automaten gehen müssen. Ihre Ablösung wird übrigens Kollege Schmidtke sein und nicht irgendein Typ in Uniform, den Sie noch nie zuvor gesehen haben, okay? Und wo wir gerade dabei sind: Kann mal jemand die Wäschekammer abschließen, damit sich nicht jeder dahergelaufene Meuchelmörder einen Kittel schnappen und sich als Arzt ausgeben kann? Danke.«

Nun verstand ich endlich, was mich das Programm hatte lehren wollen: Mein blitzgescheites Wesen war mir nicht dazu geschenkt worden, in leer stehenden Gebäuden Zigarettenkippen auszustreuen oder einen Kunstraub in letzter Sekunde zu vereiteln. Ich war dazu gemacht, das Leben komatöser Kronzeugen zu retten. Im Prinzip war ich dazu geboren worden, inoffizielle Beraterin der Polizei zu sein. Die werden zwar schlechter bezahlt als Profiler, aber man kann seine Garderobe selber wählen. Ich schwor, eine Art lässige Jodie Foster zu werden, die nicht angeschlagen durch ein frühkindliches Schaftrauma durch die Welt taumelt, sondern in Jeans und T-Shirt die naiven Kollegen liebevoll maßregelt. Eben der Typ Frau, der immer einen kessen Spruch auf den Lippen und eine verspielte Frisur auf dem Kopf hat. Eine wie … an dieser Stelle ereilte mich eine Epiphanie. Oder wie man es sonst nennen mag, wenn man sich versehentlich auf die Fernbedienung setzt und so mitten in eine deutsche Komödie schaltet. Leider hatte ich keine Gelegenheit, mir die Inhaltsangabe in der Programmzeitschrift durchzulesen, möchte aber einen schlecht gefälschten Rembrandt darauf verwetten, dass diese sich ziemlich genau so las: »Die unangepasste Powerfrau Charlotte gerät immer in haarsträubende Kriminalfälle hinein. Durch ihre burschikose Art findet sie nicht viele Freunde bei der Polizei, aber immer den Täter. Herrliche Dialoge und Topdarsteller.«

Während der fünf Minuten, in denen ich dieses Werk ertrug, fühlte ich mich weder gut noch böse, sondern wirklich schlecht. Etwa wie Ebenezer Scrooge, als ihm der Geist der zukünftigen Weihnacht gezeigt wird. Und leider muss ich es so brutal aussprechen, wie es mich anfasste: Die Powerfrau Charlotte war eine unerträgliche, besserwisserische Kratzbürste, die einem sämtliche Chancen aufs Miträtseln sofort verdarb, indem sie die Lösung des Falles Beamten vorblaffte: »Hier. Derselbe Lehm am Schuh des Verdächtigen wie am Tatort. Außerdem war sein Alibi lückenhaft. Ich gehe jetzt zum Salsa-Tanzen, tschüss.« Und der letzte Satz war keine leere Drohung. In der nächsten Szene sah man die Dame burschikos die Hüften schwingen, umringt von einem Heer männlicher Statisten, die im Takt klatschten. Aufgrund des üblichen Budgets, das für solche Filme anberaumt wird, kann ich nur vermuten, dass es sich bei den armen Kerlen um eine Gruppe spanischer Austauschschüler handelte, die durch die Aussicht auf eine Gratismahlzeit ans Set gelockt wurden. Anders kann ich es mir nicht erklären, warum jemand mit so hungrigen Augen eine Schauspielerin anschmachten sollte, die sich wie eine Königspudelhündin kurz vor der Niederkunft bewegte.

Und nein, es liegt mir fern, den Namen der Darstellerin hier niederzuschreiben. Erstens will ich nicht riskieren, dass jemand der Neugier verfällt und sich diesen unsäglichen Streifen auch noch ansieht, zweitens habe ich ja damals doch noch die wahre Moral aus diesem Fernseh-Marathon gezogen: Alles ist relativ, oder zumindest ambivalent. Schweigen ist nicht immer Gold, aber oft genug der Silberstreif am Horizont der Minderbemittelten. Selig sind die geistig Armen, solange ihr ihnen nicht den Spaß an einem Film verderbt. Dann werden sie, vollkommen zu Recht, ziemlich sauer. Zwar liebt jeder Transparenz, aber niemand mag eine Petze. Kleiner Bonus-Tipp zum Schluss: Ganz gleich, welchen Beruf ihr anstrebt, lasst euch im Vorstellungsgespräch niemals dazu hinreißen, über das Für und Wider von Kannibalismus zu diskutieren. Glaubt mir einfach: Das geht immer böse aus.

Das tut nix für sie

Lady De Winter »Monsieur d'Artagnan hat mich beleidigt.«
Athos: »Seit wann sollte es wohl möglich sein,
Sie zu beleidigen, Mylady?«
Faye Dunaway und Oliver Reed in
Die vier Musketiere – Die Rache der Mylady, 1974

Hierzulande werden Frauen nicht von Männern unterdrückt oder gar erniedrigt. Das können wir nämlich schon selber, und zwar besser und nachhaltiger. Das Fernsehprogramm spielt uns dabei in die mehr oder weniger zarten Hände. Denn auch Privatfernsehsender unterliegen einem Bildungsauftrag, der offenbar lautet, die Geschlechter wieder ordentlich zu trennen. Wenn ich mir die Einschaltquoten für bestimmte Sendungen so anschaue, fürchte ich, dass es nicht nur einige verwirrte besorgte Bürger sind, die sich in die gute alte Zeit zurücksehnen – wann immer die gewesen sein soll. Als besonders besorgniserregend empfinde ich dabei gar nicht die Formate, die direkt mit dem Vorschlaghammer durch die vierte Wand kommen.

Ich spare mir den Atem, bevor ich auf die Barrikaden gehe, um gegen *Der Bachelor* wettern. Dieser Hühnerhof ist doch nur auf den ersten Blick frauenfeindlich. Sieht man aber das große Ganze, merkt doch jeder, dass der einsame Gockel am Ende einen höheren Preis zahlt als die Damen, die angeblich um seine Gunst buhlen. Ich meine: Wenn ich heutzutage um die zwanzig wäre und aufgrund ungünstiger Berufswahl Nageldesignerin oder Ellenbogen-Modell geworden wäre, würde ich vielleicht auch für eine Woche bezahlten Urlaub durchs Bild huschen. Erstens würde mich niemand unter der zentimeterdicken Schminkschicht erkennen, zweitens flöge ich aufgrund meines offenkundigen Desinteresses an dem Mann direkt raus. Gut so. Lieber keine Rose geschenkt bekommen, als Hunderte verkaufen zu müssen, sage ich immer. Aber der Junggeselle selbst muss zwangsläufig so viel Unfug in die Kamera labern, dass keine Frau ihn jemals wieder ernst nimmt. Und irgendein Arbeitgeber erst recht nicht. Der muss bis zum Ende seiner Tage als Accessoire von C-Promis bei Boxkämpfen und Lifestyle-Messen herumhoppeln, und den erniedrigenden Titel »Exbachelor« tragen. Was soll das sein? Ein Nicht-mehr-Junggeselle ohne Partnerin? Das ist fast so rätselhaft wie der Gedanke, die ganze Idee im Sinne der angeblichen Gleichberechtigung umzudrehen und damit auf Erfolg beim Publikum zu hoffen. Wer erleben will, wie sich naive und rückgratlose Männer bei der einzigen anwesenden Frau anstellen, um ihr Honig ums Maul zu schmieren, der guckt doch nicht *Die Bachelorette*. Da geht man einfach auf die Straße und schaut einer Politesse dabei zu, wie sie Falschparker abkanzelt.

Viel bedenklicher als dieser nur teilweise telegene Fleischmarkt sind die Sendungen, die von hinten durch die Brust ins emanzipierte Hirn stoßen. Also der Feelgood-Kram, der nachmittags auf den Betäubungssendern läuft, aber wahrscheinlich in der Hölle ersonnen wurde. Ich könnte mir vorstellen, dass es da vor Jahren eine interne Redaktionssitzung gab, in der einem ganz schlauen

Teufelchen auffiel: »Leute, wir befinden uns im 21. Jahrhundert! Wenn wir da mit Parolen wie ›Frauen zurück an den Herd‹ kommen, dann haben wir nicht nur die Weiber gegen uns, sondern auch noch Heerscharen von männlichen Dauergrillern! Mein Vorschlag lautet deswegen: Hetzen wir die Ladys gegeneinander auf, bis ihnen Hören und Sehen vergeht. Dann lassen die endlich die Kerle in Ruhe!«

Und so wurde eine unfassbar antifeministische, hirnvernebelnde Sendung ersonnen, die sich trotz ihres immer gleich starren Aufbaus luftig-locker an die Werbeblöcke für Monatshygiene und Waschmaschinen-Entkalker schmiegt. Woher ich das weiß? Nun ja, es war der übliche Teufelskreis aus Neugier, Niedergang, Reue, Rückfall, Abbitte und Selbstbetrug. In diesen unglückseligen Strudel wurde auch ich eingesogen. Durch eine ungünstige Verkettung von Bauchgrimmen und Regenwetter kam es an einem Montag um 15 Uhr zum Super-GAU in meinem Wohnzimmer. Ich sah meine erste Folge *Shopping Queen*. Und schon bald war ich voll drauf. Denn obwohl der Titel der Sendung genauso lieblich-glitzernd ist wie Crystal Meth, macht sie weitaus süchtiger und kann schon bald extreme Paranoia sowie Wahrnehmungsstörungen auslösen.

Wie alle Modedrogen kommt auch diese in einer harmlos-plüschigen Aufmachung daher, ihr chemischer Aufbau besticht durch simple Raffinesse: Fünf Weibchen werden zu einem möglichst heterogenen Rudel zusammengetrieben, an jedem Wochentag geht eine von ihnen unter einem bestimmten Motto und enormem Zeitdruck Klamotten einkaufen. Um den Opfern einen Hauch von

Luxus vorzutäuschen, bekommen sie je fünf Hundert-euroscheine zum Verplempern und werden in einem quietschpinken Bus von Konsumtempel zu Outlet-Center kutschiert. Nachdem ich den ersten Teil dieses komplexen Konzepts, also »Kaufen, was können«, durchschaut hatte, fühlte ich mich nicht gefährdet, da ich kilometerweit von der angepeilten Zielgruppe entfernt bin. Niemand würde mich als Mode-affin bezeichnen oder gar als fashionver-rückt. Genauer gesagt: Ich gehe überhaupt nicht gern shoppen. Und wenn ich eines noch mehr hasse, als meinen Kadaver einsam und alleine in eine angeblich trendige neue Hülle zu quetschen, dann den Gedanken, dass Geschlechtsgenossinnen das Endergebnis bewerten könn-ten. Auch noch mit Noten, wie beim Eiskunstlauf. Und das Allerletzte, was eine normale Frau will, ist doch, dass ein Designer diese Bemühungen von seinem Elfenbein-turm aus gönnerhaft belächelt und kommentiert. Aber ge-nau so funktioniert *Shopping Queen*.

Aus rein ethnologischem Interesse hockte ich mich also damals mit einem frisch gebrühten Kaffee am Dienstag wieder auf die Couch. Ich wollte den Niedergang des Abendlandes nur ein weiteres Mal mit einem Kopfschüt-teln begleiten, um mich dann wieder meinem ausgefüllten und abwechslungsreichen Leben zu widmen. Natürlich hätte mir bereits an dieser Stelle auffallen müssen, dass es sich bei *Shopping Queen* um den gefährlichsten aller Weichmacher handelt: denn der Modedesigner, der aus den Katastrophengebieten deutscher Fußgängerzonen und Einbauschränken berichtet, ist kein Karl Lagerfeld, der alles Weibliche über 55 Kilo Lebendgewicht angewi-dert wegfächert. Er ähnelt auch nicht diesen misogynen

Schneiderleinchen, die ihre textilen Schöpfungen an simple Sterbliche verschwendet sehen. Auch ist er kein Rumpelstilzchen, das Strohsäcke gegen Gold verkauft. Nein, der Designer ist: der liebe Guido. Guido Maria Kretschmer, wie er mit ebenso vollem wie dämlichem Namen heißt. Und ja, natürlich ist der schwul, alles andere wäre unglaubwürdig. Aber er ist halt keine überkandidelte Krawallschachtel, keine giftige Zicken-Tucke, sondern: ein bodenständiger Westfale aus meiner Heimatstadt. Sein Gesicht ist glatt rasiert und gütig, seine Äuglein wach, der Teint leicht ins Teigige spielend, und wenn man ihn so anschaut, denkt man sich: Ach, wäre da nur ein Fädchen DNS anders vernäht worden, wäre der bestimmt auch die tranigste Tratschtante von ganz Münster-City geworden. Aber das Schicksal, die Genetik und die Medien hatten Größeres mit Guido vor. So wurde er die liebenswürdigste Lästerschwester der gesamten TV-Republik. Bei der Vorstellung der Kandidatinnen hat er für jede noch so geschmacksverirrte Existenz ein nettes Wort übrig. Oder zumindest einen halb netten Halbsatz. Folgt die Kamera beispielsweise der kompakten Karola (26, Rechtsanwaltsfachgehilfin) in deren von sinnfreien Sinnsprüchen verschandelte vier Wände in Wuppertal-Unterbarmen, weiß der gutmütige Guru zu sagen: »Ja, Karola ist eine ganz Kreative, wie man sieht.« Wenn Karola dann hysterisch lachend versucht, ihre schlimmsten bisherigen Modesünden zu rechtfertigen, sagt Guido Maria Kretschmer nicht: »Mein Gott, die kann sich aber auch gleich tot übern Zaun hängen, da fällt ihr Doppelkinn nicht so auf.« Nein. Das drückt der anders aus, nämlich so: »Ach, die Karola, die ist eben einerseits eine ganz Wilde, aber auch sehr weiblich, ne? Außerdem ist die ja im Prinzip auch noch jung, die kann ihren eigenen Stil durchaus noch finden.« Es sind diese Formulierungen, diese sanften Unter-der-Kopfhaut-Massagen, die auch die alerteste Zuschauerin einlullen können.

Ja, der Guido, der versteht und liebt die Frauen, egal, ob Trampel oder Tussi, ob natürliche oder widernatürliche Schönheit, er will sie alle nur noch schöner und glücklicher machen. Na, sagen wir mal: vorteilhafter angezogen wissen, wenigstens ein Mal. Was bei uns Mädels allerdings ein und dasselbe ist, oder? Ja, darauf kann man sich mit sich selbst einigen, am Mittwochnachmittag, wenn man vor dem Fernseher den Kaffee inzwischen mit Prosecco ausgetauscht hat. Das passiert leicht, wenn man sich *Shopping Queen* anschaut, ist aber nicht alarmierend. Denn man trinkt ja nicht allein: Die Ladys im Shopping-Mobil kippen sich gern den einen oder anderen hinter die Binde, Guido nickt das lächelnd ab. Also, er ist natürlich nicht dabei, im Auto, mit den Frauen. Pfui, nein. Er wird im Studio gefilmt und nur so von der Seite reingeschnitten. Und weiß wieder total liebe Dinge zu sagen, wie: »Das haben sie sich auch verdient, die Puppen.« Im Laufe der Sendung mutieren übrigens alle Kandidatinnen zu Mäusen und Puppen. Aber das ist okay, da ist nichts Abwertendes bei. Sind ja schließlich alles erwachsene Frauen, die Spaß am Leben haben. Und das beinhaltet natürlich nicht nur Einkaufen und Saufen, so ein Quatsch. Während die eine Puppe unterwegs ist, dürfen die anderen Mausis nämlich deren Kleiderschrank auf den Kopf stellen und über den Inhalt herziehen. Dabei bleiben sie aber immer diplomatisch. Erstens ist ihr eigener Schrank ja auch noch dran, zweitens entsteht da auch automatisch so ein solidarisches Gefühl, wenn man reihum die Stützunterwäsche einer Zufallsbekanntschaft der halben Fernsehnation präsentiert. Zu diesen Aktionen sagt Guido auch nicht viel, der muss sich als Experte um laufende Verfahren kümmern, also um das Opfer des Tages.

Und fast wünscht man sich, die Kandidatinnen könnten bei ihrer Textiljagd die Ratschläge des Meisters hören. Aber eben nur fast. Denn spätestens am Donnerstag hat man sich mit den Weibern telepathisch überworfen und gleichzeitig mit Guido solidarisiert. Schlimmer noch, man hält sich längst selbst für eine, nein, die Expertin dafür, was in diesem Sommer geht und was nicht geht. Und was überhaupt nicht geht, an Frauenkörpern mit normalen Rundungen. Man hat Guidos Code geknackt. Wenn der Meister sagt: »Na, diese Bluse schreit aber laut«, dann meint er, dass die entsprechende Frau nur noch eine Lichterkette davon entfernt ist, in Form und Größe einer Kirmes zu gleichen. Fürchterliche Frisuren, die immer in letzter Minute entstehen, werden mit »Dafür haben sie das Make-up aber schön gemacht« quittiert. Hat das Gesicht der Kandidatin als Leinwand für Bauernmalerei gedient, hört man sich selbst sagen: »Wenigstens fallen die Haare drüber.« Das ultimative Urteil über eine Kandidatin lautet aber: »Das Teil tut auch nichts für sie.«

Oh, das ist genial! Eine bescheuerte Trine bewirbt sich bei einer Sendung, bekommt trotz offensichtlicher Dackelbeine das Motto »Chic in Caprihose« aufgebrummt und greift nach dreieinhalb Stunden Spießrutenlauf nach einem blumenbedruckten Top, das leider nicht in ihrer Größe vorrätig ist. Und wenn sie dann aus der Kabine vor die Kamera tritt, wirft sich keiner schützend vor sie, um sie vor Spott und Hohn zu bewahren. Wahrscheinlich beißen sich der Tonmann, die Verkäuferin und zahllose Passanten synchron auf die Lippen, um nicht laut loszuprusten. Und auch die Shopping-Begleitung sagt nicht: »Na, immerhin lenkt die Wampe, die über den Hosenbund quillt, von deinen Stummelstampfern ab.« Nein. So unmittelbar funktioniert die Sendung nicht. Die Schadenfreude will langsam aufgebaut werden, damit sie länger als für nur eine Saison hält. Die Frauen werden bis zum Schluss nicht gewarnt. Selbst bei der finalen Punktevergabe am Freitag raspelt der Meister noch Süßholz, beschreibt Totalausfälle als »einen ganz speziellen Look« und bescheinigt sogar Karola aus Wuppertal, dass sie »eine ganz herzige Kandidatin« gewesen sei.

Für die geneigte Zuschauerin ist die Sendung dann theoretisch zu Ende. Sie freut sich, dass sie die Gewinnerin von vornherein richtig vorausgesagt hat und sogar ihre persönliche Punktevergabe mit der des großen Guido kongruent ist. Aber dann geht das Kopfkino los: Was wird mit den Opfern passieren, wenn sie selbst jetzt diese fünftägige Folter betrachten, speziell die Folge, in der sie ganz persönlich zur Schnecke gemacht wurden. Ich meine, die wissen ja auch, was »Das tut nix für sie« heißt. Die Frau ist jetzt doch gesellschaftlich tot und wird im ganzen Dorf ausgelacht. Manchmal reicht es vielleicht aus, wenn sie ihre Haarfarbe und ihren Namen ändert.

Gut, dass der Sender da Soforthilfe bietet. Direkt im Anschluss an *Shopping Queen* läuft bei Vox nämlich *Vier Hochzeiten und eine Traumreise*. Um dabei anzutreten, muss man nur noch einen mediengeilen Deppen finden, der ebenfalls übrig geblieben ist und nun bereit ist, gemeinsam ins Elend zu torkeln. Vielleicht einen Exbachelor, der versucht, sich auf Senderkosten nach Thailand abzusetzen. Aber selbst bei dieser Strategie ist Vorsicht geboten, denn unerfahrene Aussteiger werden von den Filmteams oft aufgespürt und ihr erfolgloses Rumdümpeln am Arsch der Welt bei *Die Auswanderer* verwurstet.

Nun werden sich manche fragen: Wie kann eine klar denkende Frau von so einem Quatsch süchtig werden? Die traurige Wahrheit lautet: Eine Woche *Shopping Queen* kann ausreichen, damit man sich wie die einäugige Königin unter lauter Farbenblinden fühlt. Und wann immer man angreifbar ist, also Selbstzweifel aufgrund mangelnder Fitness, zweifelhafter Garderobe oder instabilen Geisteszustandes hegt, bewirkt eine Stunde von Guidos Kommentaren, dass man denkt: »Alles noch im grünen Bereich – ich bin zwar gerade fett, faul und leicht verblödet, aber immerhin zerre ich diese Defizitsammlung nicht vor eine Kamera!«

Viel dringlicher ist also die Frage: Wie kommt man aus dem Teufelskreis wieder raus? Genügt ein Wochenende kalter Entzug? Im besten Fall schon. Wenn man sich aber am Montagnachmittag um 15 Uhr wieder dabei erwischt, dass man sich einen Prosecco öffnen will, sollte man in sich gehen, um sich dann von außen zu betrachten. *Shopping Queen* zu schauen, mag nämlich zunächst etwa so sinnvoll wirken, wie sich über den Stumpfsinn des Angelsports aufzuregen, aber danach trotzdem den Anglern bei ihrem Treiben zuzusehen. Dabei ist es leider so, als wäre man während dieser Freizeitbeschäftigung kein Mensch, sondern der Fisch, der bereits im Eimer ist und nun dabei zuschaut, wie seine Kollegen anbeißen. Kurz: Es tut nix für Sie.

Schreiben Sie sich den letzten Satz bitte hinter die Ohren – und nicht in rosa Glitzerbuchstaben auf Ihre Wohnzimmertapete. Danke.

Gefahrensucher unterwegs

»I might fall from a tall building, I might roll a brand new car,
'Cause I'm the unknown stuntman that made
Redford such a star.«
Lee Majors

Manchmal wünsche ich mir, dass das Leben so funktionierte, wie es oft in Seifenopern dargestellt wird. Rein von
den Kameraeinstellungen her, meine ich, nicht, was die
Handlung betrifft. Um Gottes willen. Das wäre nichts für
mich, egal in welcher Rolle. Als adelige Schnepfe darf man
ja nur Sätze sagen wie: »Danke, Sebastian, ich brauche Sie
heute nicht mehr«, und als angeblich modernes Aschen-
puttel haucht man ständig: »Sebastian, ich brauche dich
heute mehr denn je.« Und nie entgegnet Sebastian: »Wer
›brauchen‹ ohne ›zu‹ gebraucht, braucht ›brauchen‹ gar
nicht zu gebrauchen.« Ist eben kein Bildungsfernsehen,
aber die Rückblenden sind schon toll. Man stelle sich vor,
dass man sich in Wirklichkeit auch so erinnern würde:
mit einer gewissen Draufsicht. Man verändert im Nachhinein die Perspektive auf das bereits Erlebte und verlässt
dazu seinen Körper, was durch einen Zoom auf die eigenen
verträumten Augen noch einmal verdeutlicht wird. Der
Bildrand franst aus, dazu erklingt ein aktueller Soft-Pop-
song in Instrumentalversion. Und dann sieht man sich
selbst, das Gesicht bis zur absoluten Porenlosigkeit gefil-
tert. Alles, was man tut, tut man anmutig, das macht die

Zeitlupe. Sebastian ist wahrscheinlich auch da, er gesteht, dass er für deine amourösen Zwecke nicht legal zu gebrauchen ist, weil er dein Halbzwillingsbruder ist. Verdammt, wer hätte das ahnen können?

Aber vergessen wir mal die unschönen Entwicklungen, die sich die bösen Fernsehmenschen immer ausdenken, und fragen uns stattdessen: Wie cool wäre das denn, wenn wir die wirklich imposanten Momente unseres Lebens tatsächlich so sehen könnten? Ja, ich weiß, dass wir uns im 21. Jahrhundert befinden (falls Sie dieses Buch lesen und sich nicht mehr im 21. Jahrhundert befinden, klettern Sie bitte in die nächste Zeitmaschine und reisen Sie zurück! Dann signiere ich Ihnen dieses Exemplar gerne nachträglich) und sich seit der Camera obscura einiges getan hat. Jeder hat immer ein Handy dabei, mit dem er alles filmen kann, und wenn er mich filmen würde, könnte ich mir meine Heldentaten im Anschluss ansehen. Zwei-, dreimal mit dem Finger gewischt, und es liegt auch noch ein schöner Vintage-Filter über den ergreifenden Dokumentationen meines ebenso sinnstiftenden wie herzerwärmenden Alltags: Ich trage einen Kinderwagen in die Bahn hinein. Reiche kleinen Omis große Keksdosen aus hoher Regalhöhe. Ich flippe nicht aus, wenn sich jemand beim Bäcker vordrängelt, sondern rolle nur mit den Augen. Die üblichen Dinge halt. Neulich habe ich etwas wirklich Witziges in der Kneipe gesagt, was ich leider wieder vergessen habe. Alle haben gelacht, aber keiner hat sich mein Bonmot gemerkt, niemand mitgefilmt für das Archiv. Doppelt ärgerlich, denn ich sah an dem Abend gut aus, glaube ich wenigstens. Das hätte ich mir auf jeden Fall gerne mal aus einer anderen Perspektive angesehen, also, der des stillen

Bewunderers. Nun ist es aber so, dass die Leute mit ihren Handys lieber die alleruncoolsten Momente für die Ewigkeit festhalten: Unfälle, Narreteien und jeden, der sagt: »Halt mal mein Bier, ich habe eine Idee.« Das liegt an der Wirtschaftskrise. Jeder braucht ein zweites Standbein. Früher war das Filmmaterial teuer, da hat man das im Vorfeld ein paarmal geprobt, in welchem Winkel die Oma genau fällt, wenn man den Stuhl ansägt, bevor man tatsächlich die Kamera geholt hat. Das Ergebnis wurde zu *Pleiten, Pech und Pannen* geschickt. Rechnete sich auch nicht immer: 500 Mark bei Fernsehausstrahlung, 10 000 für eine neue Hüfte, dazu die Nachsorge und das Misstrauen. Heute: draufhalten, selbst bei YouTube reinstellen, Kohle scheffeln. Seit dieser rasanten Entwicklung haben ungelenke Menschen wie ich viel mehr Freunde aus dem Kreise der Filmschaffenden. Um diese bei der Stange zu halten, erzähle ich ihnen von meinen schönsten Unfällen.

Mein Meisterstück ist der zweifache Ellenbogenbruch innerhalb von vier Wochen. Beim ersten Mal bin ich über ein Stück Schnur gestolpert, das auf der Straße lag. Bei der Erwähnung dieses Husarenstücks lecken sich schon einige meiner Regisseure in spe die Lippen. Der Teil, wie ich trotzdem weitergehumpelt bin, um meine zerrissene Strumpfhose getrauert habe und nach einer Paracetamol und einem Wodka auf die Bühne gestiefelt bin, um zwei Stunden lang vorzulesen, finden sie eher langweilig. Die jungen Leute finden alles, was irgendjemand zwei Stunden am Stück macht, langweilig, sagen das aber nicht, sondern: »Wäre halt schwer realisierbar, das kann man keinem Publikum vermitteln.« Aber wenn ich dann erzähle, dass ich den Bruch meines Ellenbogens erst bemerkt habe, als ich mir eine Bierflasche an den Mund führen wollte, es aber nicht konnte, werden meine kleinen Freunde wieder ganz fidel. Sie sagen: »Nee, gar nicht wahr!« Die Macher-Typen unter ihnen wickeln sich schon mal drei Schichten Klebeband eng um das Gelenk und versuchen so, meinen damaligen Schmerz und nicht zu stillenden Durst nachzuempfinden. Die Krankenhaus-szene mögen sie auch, vor allem, dass mich beim ersten Bruch ein Arzt eingegipst hat, der während des Vorgangs eingeschlafen ist. Da wird auch manch unbeschadete junge Künstlerseele ganz empathisch: »Ja, Ärzte, ne? Die arbeiten immer ganz viel, obwohl die schon so viel stu-diert haben. Arzt ist halt krass, wenn du kein Schönheits-chirurg bist. Aber die anderen braucht man eben auch.« Mein erster Ellenbogenbruch, also der links, wurde gegipst, dann von einem Kollegen des Schläfers am nächs-ten Tag wieder losgekloppt, dann noch einmal gegipst. Meine jungen Freunde nicken bei dieser Verdichtung der Ereignisse im medizinischen Bereich meist hoch interes-siert, also ein bisschen zu oft und gleichmäßig, wie die Wackeldackel. Mache ich auch immer so, wenn mir jemand erklärt, was in meinem Computer passiert, wenn ich den zu sehr benutze. Um die Bande zu testen, füge ich dem Bericht an dieser Stelle eine kleine Unwahrheit hinzu: »Dabei wurde mir ein Mikrochip in Form eines Einhorn-fohlens implantiert. Seitdem verstehe ich die Sprache der Tiere, aber nur, wenn ich dabei echtes Gold in den Hän-den halte.« Alle nicken weiter, keiner reicht mir ein Gold-stück, niemand quiekt: »Oh, voll süß, ein Einhornfohlen, welche Farbe hat es denn?« Das sind alles gute Leute. Die lassen sich nicht veräppeln und wissen, worauf es bei einer

Story ankommt. In diesem Fall darauf, dass Oma Katinka endlich mal zum Ende kommt, zum Knaller schlechthin. Ich lasse sie nicht länger zappeln: »Jedenfalls: Vier Wochen später, nur einen Tag nachdem der letzte Gips dann abgenommen wurde, bin ich hier in dieser Kneipe gewesen, und ein Bekannter fragt mich: ›Wie ist das überhaupt passiert vor vier Wochen, mit deinem Ellenbogen?‹ Und ich sagte: ›Ich bin ganz blöd über ein Stück Schnur gestolpert. Die lag da, wie dieses Kabel hier. Und ich dann ungefähr so …‹ Und dann bin ich über das Kabel gestolpert. Wie über die Schnur. Nur dass ich mir dann den rechten Ellenbogen gebrochen habe.« Dann applaudieren die jungen Leute, pfeifen und jauchzen, und immer, immer gibt es einen Witzbold, der sagt: »Da ist ein ebener Fußboden und da auch ein Stückchen Kabel: Wollen Sie uns das noch einmal zeigen, wie Sie damals …« Ich lache mit den kleinen Rackern, aber irgendwann klatsche ich in die Hände und sage: »So, Handys bitte wieder einpacken, so wird das nichts. Ich falle hier nicht noch einmal hin, schon deshalb, weil ich ja keinen dritten Ellenbogen habe. Jetzt sammle ich erst mal die Workshop-Gebühren ein, und nach einer kurzen Kaffeepause gehen wir raus, auf die Straße. Es ist mild und sonnig, wäre doch gelacht, wenn mir da kein Malheur passieren würde.«

Ja, so sieht's aus. Ich nehme Geld dafür, dass es mich vor laufender Kamera wieder mal zu Boden ringt, das Leben. Eine Garantie gibt es nicht, aber die Chancen stehen sehr gut für die jungen Handyfilmer, dass mir auf dem etwa 1,2 Kilometer langen Rundgang etwas Saublödes passiert, was man nicht erfinden kann. Die Gegend ist voller Tücken: Laternenmasten, Müllsäcke, Sperrgut.

Hinzu kommen die beweglichen Gefahrenquellen: Einkaufswagen, Vögel, betrunkene Laternenmasten. Alles schon gesehen, alles schon getroffen, meist mit dem Kopf. Außerdem wohnt in der Hecke vor dem Lidl-Markt ein Fuchs. Der lässt sich eigentlich nur nachts blicken, aber wenn ich unterwegs bin: Wer weiß? Meine Workshop-Teilnehmer jedenfalls reiben sich die Hände und hoffen, dass sie bannen können, wie ich vor einem Tier auf einen Container flüchten muss und mir dabei mindestens ein Kleidungsstück abhandenkommt. Alles in einer Einstellung, denn schneiden wollen sie ihre Filme nicht. Wegen der Street Credibility. Und weil sie faul sind. Irgendwie sind sie alle wie meine Kinder. Trotzdem kostet eine Runde mit mir 20 Euro pro Nase, die Teilnehmerzahl ist von vier bis 120 Teilnehmer pro Runde begrenzt, und wer bei YouTube die magische Marke von 100 000 Klicks knackt, muss Prozente an mich abdrücken. Business, Baby!

Wer jetzt darüber entrüstet ist, dass ich aus meiner Fallsucht eine Geschäftsidee gemacht habe, dem versichere ich: Es läuft nicht so gut. Beziehungsweise laufe ich wesentlich besser, seit mir ein Tross von Menschen folgt, die ihre Handykameras auf mich gerichtet haben. Geradezu geschmeidig gleite ich durch die Straßenschluchten, keine Bordsteinkante stoppt wie sonst meinen Flow. Nichts passiert mehr. Nicht die geringsten Ausrutscher. Wütend machen mich die Gaffer, die filmen, wie mich meine Truppe filmt, ohne dafür zu bezahlen. Beim ersten Workshop war es mir am Ende etwas peinlich, dass wir einfach nur so herumgelatscht sind, ohne besondere Vorkommnisse. Da haben wir am Ende noch Abschiedsfotos gemacht, wie ich mit den Gürtelschlaufen meiner Jeans an der Türklinke hängen geblieben bin. Aber obwohl mir das ohne Publikum jeden Tag fünfmal passiert, merkte man schon, dass das in dem Fall gestellt war. Ich habe den Leuten die Hälfte ihrer Gebühren erstattet. Aber das schützt auch nicht vor miesen Bewertungen im Internet: Von »Hätte ich mir mehr von versprochen« über »Die Alte labert halt viel, fällt aber kaum!« bis zu »Mir wurden wilde Tiere versprochen und bis auf einen Bauchklatscher auf Asphalt geschah nichts. Voll der Fake!« kann man da alles Mögliche von den undankbaren Gören lesen. Aber wenn du da was richtigstellen willst, hast du schon verloren. Außerdem hatte ich an dem Tag sehr wohl wilde Tiere für die Kameras hervorgezaubert. Aber Tauben, die aufs Display scheißen, sind halt keine begehrten Motive bei den feinen Herrschaften. Zudem habe ich einen Hund gestreichelt, auf dem Rundgang. Und zwar so, wie man es richtig macht: Man fragt vorher den Besitzer des Hundes, ob man darf. Dann noch, wie der heißt und ob der beißt, der Hund. Dann muss man sagen, dass das ein schöner Name für einen schönen Hund ist, egal, wie das Viech heißt, auch, wenn er aus der Nähe doch nicht mehr so niedlich ist, wie man von Weitem dachte. Danach fragt man den Hund: »Bist du ein Feiner, ja? Oh, hast du da ein Aua am Ohr? Bist aber ein Feiner, ja?« Dann bedankt man sich bei beiden für die Gelegenheit und verabschiedet sich. Bei unerwartet glitschigen Hunden die Hände immer erst dann an der Hose abwischen, wenn der zuvor Gestreichelte und sein Besitzer außer Sichtweite sind. Die spüren beziehungsweise sehen das. Und die haben ja auch Gefühle. Und was für welche.

Als ich mit dem zweiten Kurs unterwegs war, wurde das fast zum Problem. Schon waren wir in der letzten Kurve des Rundgangs angelangt, und wieder hatte ich den Unfalljägern nichts für ihre YouTube-Channel liefern können. Wie eine mächtige Elfe war ich die Strecke vorausgeschwebt, die jungen Leute wie die Hummeln hinter mir her. Zum Glück war dann wenigstens dieser Typ mit dem Foxterrier da. Die Rasse ist nicht wirklich schön zu streicheln, aber nun, für die Kohle und gegen das schlechte Gewissen schubbere ich gerne mal so einen kleinen, drahtigen Rüden durch. Wenn es ihm Freude macht und: Wenn ich darf! Das Herrchen des Terriers sah etwas ängstlich aus, als ich mit meinen vierzig Handyfollowern auf ihn zuschwebte. Aber der Hund blieb ruhig, ein gutes Zeichen. Also vermied ich Augenkontakt mit dem Mann, um ihn nicht zu provozieren, und fragte freundlich: »Darf ich den mal streicheln, Ihren Foxi?« Hundebesitzer mögen das, wenn man ein bisschen mit ihnen fachsimpelt, aber halt auf unterstem Niveau. Handybesitzer, so habe ich mittlerweile festgestellt, werden etwas biestig, wenn es ihnen an *Action* mangelt. »Jetzt geht das wieder los! Sie streichelt Köter. Das ist so peinlich. Dafür zahle ich doch keine 20 Euro, um das zu filmen.« Dann überschlugen sich die Ereignisse, zumindest in meinem Kopf. Mein Schlupfloch, nämlich mich im Internet darüber zu beschweren, dass sich die feigen Exteilnehmer meines Workshops nur im Internet über meine Methoden beschweren würden, war verstopft. Hier stand mir ein Mann von kaum fünfundzwanzig Jahren direkt gegenüber und sagte mir offen ins Gesicht, dass er mich nicht beim Liebkosen eines Foxterriers filmen wolle. Dabei hatten wir noch gar nicht erkundet, wie der Hund überhaupt hieß. Ich entschied mich also dafür, meinen Kritiker durch Taten in die Schranken zu weisen, und zog das Programm durch: »Wie heißt denn Ihr Hund?«, fragte ich den Mann. Der Mann sagte: »Volker.« Ich fragte weiter: »Und beißt der denn, der ... Moment: Sie haben Ihren Hund doch nicht Volker genannt? Sie wollen mich doch nur ... Das haben Sie doch aus einer Kurzgeschichte von mir geklaut, in der jemand denkt, der Hund hieße Volker, dabei nennt doch kein Mensch seinen Hund ... es sei denn ... Oh. Oh. Sind Sie vielleicht ein Fan meiner Werke? Kinder, jetzt filmt doch mal alle den Mann hier! Der hat meine Bücher gelesen. Alle. Und seinen Hund Volker genannt, nur wegen mir. Ist das nicht toll? Da kannste mal sehen, du Meckerbock dahinten, von wegen, hier passiert nichts und so. Der Typ ist so was wie mein Stalker, guckt mal alle. Oh, du musst dich nicht schämen dafür. Wer ist ein Feiner, na?« Ein paar der Teilnehmer hielten voll drauf, wie ich einem Hipster den Bart kraulte. Bei Volker kamen jedoch die wölfischen Urinstinkte hoch, oder aber er war eifersüchtig. Jedenfalls schnappte er nach mir, erwischte aber sein Herrchen am Ärmel, der sprang entsetzt auf und rannte mit seinem Hund am Arm davon, verfing sich dabei in einer Plastiktüte, strauchelte, wurde von einem Kleinkind auf einem Tretroller gerammt, der treue Hund verließ ihn in dieser Sekunde, um dem Fuchs nachzujagen, der aus seiner Hecke gekommen war, um dem Spektakel beizuwohnen. Keiner meiner Schützlinge hielt sein Handy mehr auf mich gerichtet, aber ich war ihnen nicht böse: »Richtig so, Leute! Der Schüler hat seine Meisterin überholt, und ihr habt blitzschnell reagiert. Begrüßt euren neuen Meister: Volkers Herrchen!«

Es gab viel Applaus für den Emporkömmling. Von Standing Ovations darf ich ehrlicherweise nicht sprechen, weil meine Schüler ja sowieso schon standen, und Emporkömmling ist vielleicht auch nicht das korrekte Wort für jemanden, der sich in dem Moment noch am Boden wälzte, gefesselt von der Leine seines eigenen Hundes. Aber er konnte schon wieder schreien. Daran erkennt man einen Kämpfer: »Ich heiße Volker, du verdammte Idiotin! Und du rennst besser um dein Leben, bevor ich mich vergesse. Ich bin Jurist, ich verklage euch alle!« Für den Fall gab es Maßnahmen. Ich wiederholte sie sicherheitshalber vor Ort: »Ausschwärmen, ausschwärmen! Verteilt euch, Leute! Film nicht hochladen, okay, nicht hochladen. Und jetzt lauft! War schön mit euch, wir arbeiten das bei Gelegenheit nach, versprochen!«

Und meine Schützlinge hörten auf mich. Sie stoben in alle Richtungen davon. Ich in meine. Mein letzter Blick galt jedoch Volker, der sich immer noch zu befreien versuchte. Schade. In einer anderen Welt, zu einer anderen Zeit, hätten wir Freunde werden können. Ein Team, das durch das Viertel stolpert und sich in der Notaufnahme abklatscht. Es hat nicht sollen sein. Ich nahm die Beine in die Hand und rannte heim, bangend, dass Volkers Hund meine Spur aufnehmen könnte. Bis heute ist mir jedoch keine Anklageschrift ins Haus geflattert. Dabei wüsste ich schon gern, wie die Anschuldigung lauten würde: Anstiftung zum Slapstick? Bartkraulen in der Öffentlichkeit? Grober Unfug? Wieder mal traurig, dass die wenigen Leute, die diesen großen Moment in meinem Leben gefilmt haben, ihn ganz schnell gelöscht haben, aus Sicherheitsgründen. Sie haben doch was gelernt bei mir, meine kleinen Rabauken!

Reden wir nicht mehr darüber

Programmchefs sind sehr scheue Menschen. Sie trauen sich nur ganz selten vor die Kamera, aber wenn, dann rutscht jedem von ihnen immer der folgende Satz raus: »Die Sehgewohnheiten der Zuschauer haben sich über die Jahre verändert.« Das ist Blödsinn. Es ist evolutionsgeschichtlich erwiesen, dass wir seit jeher mit den Augen gucken, und da wir hinten keine haben, schauen wir nach vorne, auf die Bildschirme. Aber so ein Fernsehverantwortlicher würde eher erzählen, dass er am Wochenende gern mal zum FKK-Schach geht, als zuzugeben, dass ein Sender unter seiner Führung einigen, nun ja, unsäglichen Kram produziert und ausgestrahlt hat. Und in einigen Fällen muss man diesen hohen Medientieren sogar dankbar sein, dass sie uns nicht wieder an Formate wie *Tutti Frutti* erinnern. Diese Nackedei-Show führte nämlich keineswegs zu dem offenbar gewünschten Ziel, dass die Jugend mehr Obst aß, sondern diente einzig und allein als Anzeige dafür, welcher Promi sein mediales Mindesthaltbarkeitsdatum überschritten hatte: Wer da als Gast aufkreuzte, holte sich seine allerletzte Dosis Vitamin B ab. Dennoch kann und darf man nicht alles totschweigen, was man jemals abgedreht hat. Wie sollen wir die Zukunft des Fernsehens gestalten, wenn wir die Fehler der Vergangenheit nicht aufarbeiten?

Schon in den Anfängen des Heimkinos ging man ja davon aus, dass das Publikum insgesamt zu blöd sei, um das zu Sehende selbstständig zu verstehen. Zumindest nicht beim ersten, zweiten oder sechsten Mal, wie eine meiner Lieblingssendungen aus den frühen 60er-Jahren beweist: *Tanzparty mit dem Ehepaar Fern*. Mit Big Band und gelehrigem Gefolge im Hintergrund erklären die beiden Vortänzer hier die entscheidenden Schritte, immer und immer wieder. Herr Fern spielt dabei den ungeduldigen Naturtyp des Turniersportlers, Gattin Fern lächelt betoniert. Nach einer halben Stunde habe dann sogar ich verstanden, wann welcher Fuß wen treten muss, und mittlerweile bin ich theoretisch in der Lage, bei jeder Gesellschaft in den Modetanz »Pony Jerk« einzusteigen. Leider ergibt sich die Gelegenheit selten, und wenn niemand im Hintergrund mit schneidiger Stimme dauernd laut bis acht zählt und bellt: »Konzentration, meine Damen!«, gerate ich aus dem Takt. Wer allerdings unter sonntäglichen Mittagsschlafstörungen leidet, dem sei das Ehepaar Fern unbedingt empfohlen.

Im Prinzip galt auch der winzigste Filmschnipsel niemals als selbsterklärend. Daher wurde der Beruf des Fernsehansagers erfunden, der jeden Cineasten zum Weinen brachte. Bis in die späten 80er-Jahre galt es nämlich als chic, die Geschehnisse im folgenden Spielfilm zu petzen und eine Interpretation desselben anzubieten. Mitunter wurden Hintergründe über Schauspieler und Drehbedingungen, sogar die Schuhgröße des Beleuchters ausgeplaudert. So gerne, wie im deutschen Fernsehen geredet wurde, ist es im Nachhinein verwunderlich, dass das Testbild nur mit einem schrillen Fiepton unterlegt war und nicht mit

einem sonor vorgetragenen Auszug aus Goethes Farb-
lehre.

Ja, man liebte das Labern so sehr, dass man endlich auf
Schnickschnack wie opulente Ausstattung, Kostüm und
Sinn verzichtete. Fünf Sitzgelegenheiten, ein Tisch und
acht Stangen Zigaretten reichten aus, um den Weg in den
Abgrund zu ebnen: Die ersten Talkshows flimmerten
über die Bildschirme. Fast war es damals, als säßen die
wichtigen Stützen der Gesellschaft und die Lieblinge aus
Film und Funk mit im eigenen Wohnzimmer. Nur dass
man sie durch die Rauchschwaden nur schemenhaft erkennen konnte und wesentlich mehr Alkohol ausgeschenkt
wurde als bei einer handelsüblichen Silberhochzeit. Manfred Krug spielte gerne den netten Onkel Manfred, der zu
fortgeschrittener Stunde mal den Onkel Klaus zurecht-
wies, der eh nur zum Granteln und Giften eingeladen
worden war. Noch berauschender ging es nur beim *Internationalen Frühschoppen* zu, wo sich gestandene Männer
gegenseitig Lungenzüge beibrachten. Wer am tiefsten in-
halieren konnte, hatte am Ende recht. Fast war es eine
friedliche Zeit des angetüdelten Schwadronierens, die Ta-
bakkonzerne standen schon kurz davor, für den Friedens-
nobelpreis nominiert zu werden, als eine Frau es wieder
mal versaute: Die Godmother of Punk, Nina Hagen, erklärt auch etwas, nämlich den weiblichen Orgasmus. Vollkommen angezogen, aber doch so physisch, dass ihr eigener Freund sich neben ihr auf der Couch beschämt
krümmte und schließlich abpfiff. Am nächsten Tag for-
derten aufgebrachte Bürger aufgrund der Ausstrahlung
den Führer zurück.

Trotzdem galt Frau Hagens Auftritt als der eigentliche

Skandal, und man beschloss, das Konzept »Talkshow« noch einmal gründlich zu überarbeiten, leider in die völlig falsche Richtung: Statt nur noch Medienprofis eine Bühne zu geben, wurden in den 90er-Jahren die kostengünstigen Laien entdeckt, die ja auch etwas zu sagen haben. Etwas? Nein, eher: alles, und das schon früh am Tage. Das Ganze nannte man Nachmittagstalkshow, aber es war eher eine Nabelschau, nur noch deutlich weiter unten. Ganz normale Menschen durften sich nun an jedem Werktag in ein Studio stellen und beweisen, dass sie gar nicht normal waren. Gut waren Streitereien unter Nachbarn, besser das Preisgeben pikanter Familiengeheimnisse. An ihrer Vaterschaft zweifelnde Jungspunde kamen ebenso zu Wort wie gestandene Blockwarte. Moppelige Lack- und Lederfetischsten wurden bald ebenso obligat wie die kreischende Vorstadtmutti, die jedem auf und neben der Bühne Schläge androhte. Völlig überflüssigerweise wurde jeweils noch ein Pappenheimer als Moderator bereitgestellt, welcher die Entfesselten ermahnte: »Solche Worte wollen wir hier nicht hören. Also, Manuela, noch mal, damit wir es alle verstehen: Welcher Beeeeep hat seinen Beeeep in die verbeeeepte Beeeep deiner Beeep gebeeeept?«

Am erschreckendsten an der ganzen Sache war allerdings, dass man dieses Krawallkonzept von den US-Amerikanern übernommen hatte, dabei aber einen folgenschweren Fehler begangen hatte: Beim Vorbild *The Jerry Springer Show* war alles von vorne bis hinten ein Fake, wie ich aus zuverlässiger Quelle weiß. Wenn mein damaliger Mitbewohner dort auftrat, bekam er stets eine hervorragende Maskenbildnerin und ein ausgefeiltes Skript zur Verfügung gestellt. Selbst ich habe ihn in manchen Aufzeichnungen nur daran erkannt, dass er aufgrund seines Wrestling-Trainings besonders geschickt den Klappstuhl über dem Kopf seines angeblichen Schwippschwagers zerbersten ließ. Aber bei *Britt*, *Arabella*, *Vera* und Co. war gar nicht alles gestellt. Manche Menschen und ihre Geschichten waren echt, bis in die nicht nachgefärbten Haaransätze. Irgendwann hatte dann wohl jeder, der wollte, zu allem etwas gesagt, und es war Ruhe im Karton. Die Leute brauchten eine Pause und gingen lieber auf Partys, auf denen Musik ohne Text gespielt wurde. Ich bin der festen Überzeugung, dass hierzulande Techno nur deshalb ein so großer Erfolg wurde, weil der stumpfe Beat in dunklen Clubs etwas erträglicher war als das Geschnatter bei Studiobeleuchtung.

Wir merken: Die Medien waren nicht wirklich besser, als sie noch nicht sozial waren. Und immer, wenn ich bei einer Facebook-Schlammschlacht den Kommentar lese: »Ich frage mich, ob du mir das auch so ins Gesicht sagen würdest, wenn wir uns im echten Leben begegneten«, bin ich froh darüber, dass die Gladiatoren-Arenen für Amateure zum Ende des letzten Jahrhunderts geschlossen wurden. Denn manche Leute sind ja noch gieriger als feige und würden für 50 Euro Spesengeld tatsächlich ihre hässlichen Fratzen jederzeit vor einem Livepublikum präsentieren.

Zum Glück geht es, zumindest was die Talkshows angeht, heute wieder wesentlich gesitteter zu. Zunächst einmal hat man die Redegruppen entsprechend sortiert. Die Künstler, Kulturschaffenden und drolligen Weltenbummler werden allesamt am Freitagabend auf den dritten Programmen abgefertigt, nach 22 Uhr. Dort erzählen sie Gutenachtgeschichten für die, die dank der früheren Technopartys Geistesnahrung nur noch in kleinen Häppchen oder püriert vertragen. In muckeliger Atmosphäre werden da Anekdoten in Echtzeit vorgetragen, von den alten Herren und den Grandes Dames. Manchmal fallen da wirklich großartige Sätze wie: »Da saßen der Gunter und ich also fest, waren quasi eingeschlossen in diesem … na, wie nennt man das? Ein begehbarer Humidor, genau, etwa so groß wie meine Sauna in Kitzbühel. Aber was rede ich, Sie kennen ja alle das Botschaftsgebäude, nicht?« Und dann stützt sich der Moderator ganz beseelt auf seine Unterarme, sodass man sich richtig vorstellen kann, dass er statt seines Maßanzuges einen Schlafanzug trägt und seinem Großvater selig lauscht. Die anderen Gäste werfen zwischendurch wichtige Ergänzungen wie »Ach, herrlich« oder »Ja, das ging ja damals noch!« oder auch mal ein gewagtes »Was die Gabor da wohl gedacht hat?« ein. Natürlich kommen auch junge Wilde zu Wort, die erst einmal klarstellen, wie unglaublich affig sie es finden, in so einer angenehmen Runde den neuen Film bewerben zu müssen. Immer kurz bevor der Trailer eingespielt wird. Mitleid habe ich da immer mit den Nobodys, also den Zauseln, die eingeladen wurden, obwohl sie gar kein wichtiges Buch mit dem Titel *Schrank im Schaf – Traumdeutung mit Tier-Feng-Shui* geschrieben, sondern vielleicht nur ein Dutzend Bergarbeiter aus einem Schacht gerettet haben. Die bekommen immer so blöde Fragen gestellt, die keine sind, zum Beispiel: »Sie sind ja damals gar nicht mit dem Ziel nach Chile gefahren, diese Leute zu befreien, sondern wollten nur mit ihrer Familie Urlaub machen. Da war es ja ein unglaublicher Zufall, dass Sie gelernter Sprengmeister sind und auch noch Spanisch sprechen, oder?« Da kann man ja gar nicht anders drauf reagieren, als blöd aus der Wäsche zu gucken. Ich wünschte mir, einer von diesen Füllgästen würde sich mal ein Herz fassen und im selben pipiwarmen Timbre antworten: »Natürlich, das war ein wahnsinniger Zufall, dass ich damals die Ausbildung bei der Feuerwehr gemacht habe und dann noch seit über zwanzig Jahren in dem Beruf arbeite. Und dass ich dann noch plötzlich Spanisch spreche, nur weil ich diese Kurse an der VHS belege, ist wirklich schräg. Eine Schnapsidee von mir, freiwillig eine Sprache zu lernen, die fast ein Drittel der Weltbevölkerung spricht. Ich hätte es mir ja auch einfach machen können, indem ich mich auf eine Couch setze und von Karteikarten ablese. Aber ich bin wohl ein verrückter Hund, ja.« Das Traurige ist: Selbst wenn das mal jemand täte, würde es wahrscheinlich niemand merken. Der behäbige Altpunk würde nur sagen: »Wir haben ja damals auch in Chile gespielt, tolle Leute da.« Und die alternde Diva müsste zugeben: »Der Bergbau ist ja in dieser Jahreszeit immer recht gefährlich, vor allem in diesem Klima.« Zum Abschluss bringt dann der politische Kabarettist noch eine Nummer aus seinem aktuellen Programm. Also, eine ganz kurze, von sich selbst am Flügel begleitet, denn sämtliche anderen Nummern hat er schon über den Abend hin gebracht, gut getarnt als spontanen Einwurf in die Gespräche. Ist natürlich nicht ganz formschön, aber irgendwo muss der ja auch hin zum Reden im Fernsehen, der politische Kabarettist. Eine eigene Sendung gibt man denen jetzt nicht mehr so gerne, obwohl das früher sehr unkompliziert war. Einfach zwei Kameras in dem Theater hingestellt, wo der Künstler an dem Abend sowieso aufgetreten ist, eine davon zoomt, die andere hält aufs Publikum, alles gut. Das Bild mischte man dann passend unter den unzensierten Vortrag. Im besten Fall gab es eine gute Kanzlerparodie, im schlimmsten eine schlechte. Das »Hohoho« im Saal wurde zu einem erleichterten »Hahaha«, wenn über die FDP hergezogen wurde, und alles war in Butter. Das geht so nicht mehr, und das liegt nicht nur am Wegfall der FDP. Die Meinungen in diesem Land sind extremer geworden, das politische Kabarett geht wieder dahin, wo es auch den Guten richtig wehtut, oder ganz dran vorbei.

Das Schlimme ist: Dank der ganzen Informationsflut ist sich heute niemand mehr so sicher, was was ist. Es gibt ja keine Fernsehansagerinnen mehr, die alles vorher erklären. Teilweise fragt sich auch der versierteste Redakteur, was da jetzt vielleicht nur Comedy ist, oder ist es gar Realität? Die Welt ist so kompliziert geworden, deshalb: Schnell neue, kleinere Schubladen zimmern und beschriften, noch einmal nachsortieren, auch und vor allem Satire besser portionieren, in eigene Formate packen, in denen es nur Kurzauftritte gibt. Und wenn da einer von den Kaspern wirklich unangenehm auffällt, kann man den ja beurlauben oder austauschen, nicht? Man muss ja nicht immer den ganzen Patienten einschläfern, nur weil da ein Muttermal rausgeschnitten werden muss. Aber ganz wichtig: In politische Talkshows lassen wir nur noch Politiker rein. Das ist zwar ebenso wenig eine geschützte Berufsbezeichnung wie Kabarettist, aber wenn sich jemand schon die Mühe macht, sich in so ein unbeliebtes Amt hieven zu lassen, dann gibt man dem eben auch mal ein Forum. Faktencheck heißt das dann, und die meisten Politiker kommen ja auch gerne am Sonntag nach dem *Tatort* vorbei, um mal alles zu erklären. Oder um etwas richtigzustellen, was die dummen Medien wieder falsch verstanden haben. Es war nämlich ganz anders, jawohl. Manche kommen auch nur, um mal ein wenig ihre Deutschlandfähnchen aufzuhängen und blöd zu grinsen. Das ist natürlich recht dünner Stoff für eine ernsthafte Diskussion, aber die Leute gucken's ja doch. Dafür zahlt man dann gerne hohe Gagen, wenn es Quote bringt. Und wenn man doch vor lauter Aufregung vor dem Fernseher einpennt, kann man ja am nächsten Morgen auf »Spiegel-Online« nachlesen, dass die Debatte tatsächlich kein Stück vorangekommen ist. Es ist doch auch ein schönes, selbsterhaltendes System, wenn ein Printjournalist seiner Kollegin in viertausend Worten vorwirft, dass bei ihrer Show wieder nichts als heiße Luft herausgekommen ist. So kann man weitermachen, aber: muss man?

Und was wäre die Alternative? Wie können wir erreichen, dass im Fernseher weniger geredet, sondern mehr gemacht wird, ohne dabei wieder bei *Tutti Frutti* zu landen? Wenn wir die Laien wieder agieren lassen, endet das ja nur in einer Massenschlägerei, frei nach dem Motto: »Facebook-Freunde treffen, aber so richtig«. Vielleicht sollten sich die Programmmacher einfach mal auf die Geschöpfe besinnen, die uns durch ihre unschuldige Art beruhigen und ausgleichen. Nonverbale Kommunikation heißt die Zauberformel. Nein, keine Neuverfilmungen von *Lassie*, bitte nicht. Das gibt wieder Riesenärger von allen Seiten, wenn da ein Hund ohne Flüsterer durch die

Gegend streunt. Ich denke da vielmehr an voll entspannte Schweigeminuten, vielleicht als Außendreh, ohne Studiopublikum. Der Arbeitstitel wäre: *Bäume bei Maischberger*, und ich wette, das wird ein Renner. Vor allem, wenn man an der Moderation spart und einfach eine Kamera in den Wald stellt. Noch besser: Man geht selbst dorthin, ohne Aufnahmegeräte, lauscht friedlich dem Nichts und schwört sich, von diesem besonderen Erlebnis niemals, aber wirklich niemals in einer Talkshow zu berichten.

Der Tod trägt Locken

Zweiter Weihnachtstag: Die Gans ist verdaut, alle Kekse sind zerkrümelt, und auch das Fernsehprogramm normalisiert sich wieder. Aschenbrödel geht uns nicht mehr auf die Nüsse, Sissi hat sich ausgefranzt, und endlich, endlich gibt es wieder Mord und Totschlag. Ja, ich bin Krimi-Fan, und diese Leidenschaft teile ich mit meinen Eltern. Und da geteilte Freude bekanntlich doppelte Freude ist, potenziert sich die Spannung beim Krimi-Schauen mit ihnen auch um ein Vielfaches. Denn meine Eltern sind nicht nur zwei meisterhafte Spürhunde, nein, gemeinsam verfügen sie auch über das Konzentrationsvermögen eines *einzigen* Goldfisches. Somit sind sie in der Lage, dem Geschehen auf dem Bildschirm genau dreißig Sekunden zu folgen, und zwar ohne Unterbrechung. Da sie ebenfalls beide nicht mehr so gut hören, helfen sie ihren gelegentlichen Mitsehern immer gerne auf die Sprünge, und zwar anhand von liebevoll gestaltetem Bonusmaterial, also einer Art Live-Audio-Kommentarfunktion, die automatisch mitläuft, sobald wir auf der Couch sitzen.

Angenommen, wir hätten da die klassische Eröffnung eines ebenso düsteren wie typischen Schweden-Krimis: Ein Volvo fährt durch die herbstliche Morgendämmerung und hält irgendwann vor einem innerstädtischen Miethaus. Die Kamera nimmt uns mit in den zweiten Stock, hinter der dort offen stehenden Tür erkennen wir eine zu Klump gehauene Wohnung, das weibliche Opfer liegt zu großen Teilen auf dem blutgetränkten Teppich. Nur die Fingerkuppen fehlen, dafür blickt uns der abgetrennte Kopf der Leiche aus hohlen Augen von der Fensterbank entgegen. Der Rechtsmediziner ist auch schon vor Ort, und übergibt seinen Mageninhalt ausdrucksvoll der Yuccapalme.

Meine Mutter kneift die Augen zusammen und stellt fest: »Oh, guck mal, die haben die gleiche Couch wie wir. Nur als Zweisitzer. Und in Beige.«

Ich: »Pschschscht.« Um 20.16 Uhr hege ich tatsächlich noch die Hoffnung, dass das funktionieren könnte.

Die Hauptkommissarin betritt derweil die Szene, mein Vater meint: »Bah, pfui, das ist die mit dem dicken Hintern, die mag ich nicht.«

Ich: »Pssst!«

Mein Vater war aber noch nicht fertig: »Und wenn sie sich umdreht, ist es noch schlimmer, die hat eine Stirn wie Frankenstein.«

Ich: »Das ist nicht Frankenstein mit der hohen Stirn, sondern Frankensteins Monster.«

Mein Vater: »Klugscheißer.«

Meine Mutter: »Pschpsch, ich will das sehen.«

Komischerweise klappt das bei ihr. Wir sind ganz leise, bis die Kommissarin zu der Frau von der Spurensicherung etwas sagt, was ich nicht verstehen kann, weil mein Papa findet: »Die ist doch niedlich. Warum ist die nicht die Kommissarin?«

Meine Mutter rollt mit den Augen: »Buddy, es geht nicht um niedlich bei der Polizei, sondern um Köpfchen.«

Mein Vater: »Aha.«

· Das zerstörte Wohnzimmer wird noch einmal in der Totalen gezeigt, die Kommissarin murmelt: »Wer tut so was?«

Mein Vater murmelt: »Ah, Köpfchen also. Verstehe.«

Aber meine Mutter geht gar nicht darauf ein, sie hat eine neue Entdeckung auf der Metaebene gemacht: »Da bin ich aber im Nachhinein doch froh, dass wir die Couch in Schwarz genommen haben. In Beige ist die ja im Nu versaut.«

Ich: »Ja, die kannste wegwerfen, wenn ein Ritualmörder zu Besuch kommt ...«

Mein Vater erschrickt: »Wieso Ritualmörder? Haben die das gesagt, habe ich was verpasst?«

Ich stöhne: »Das war nur so eine Idee. Ich meine, es wird wohl kaum deren Ehemann gewesen sein, mit den Fingerkuppen und so.«

Meine Mutter: »Ach, die war verheiratet? Seit wann?«

Mein Vater zeigt anklagend auf den Bildschirm: »Ist das der Ehemann? Das kleine Wiesel da?«

Meine Mutter und ich rollen synchron mit den Augen: »Na-hein. Das ist der Assistent, pass doch auf.«

Mein Vater: »Töh!«

Szenenwechsel, zumindest im Fernsehen. Eine skandinavische Stadt aus der Vogelperspektive.

»Ist das Stockholm?«, fragt meine Mutter.

Ich: »Nein.«

Meine Mutter: »Warum nicht?«

Ich: »Weil in der ›Prisma‹ steht: ›Ein grausamer Mord in Uppsala hält die Bevölkerung in Atem‹.

Mein Vater meint: »Uppsala, die Post ist da«, kann damit aber nicht vollständig überzeugen.

Meine Mutter: »Die schreiben auch viel Mist, in der ›Prisma‹.«

»Dann ist es halt Stockholm«, schreie ich entnervt und meine Eltern: »Nä, jetzt auch nicht mehr.«

Schweigen, wenn man mal von dem *neuen* Soundtrack absieht, mit dem mein Vater jedes Auftreten der Kommissarin unterlegt: Er bringt eine A-capella-Version von *The Road to Mandalay*, sprich, wann immer die arme Frau einen Fuß vor den anderen setzt, macht mein Vater: »Padam-padam. Padam-padam.« Im Film durchquert sie nur den Flur der Polizeiwache, aber in unserem Wohnzimmer ist eine Elefantenherde unterwegs. »Padam-padam …«

Meine Mutter: »Buddy, wenn dir langweilig ist, dann koch doch was.«

Mein Vater: »Nä, ich will das ja sehen.«

Und wir sehen: Das Ermittlerteam im Konferenzzimmer. Der Assistent fragt, ob das Opfer Kinder gehabt habe, meine Mutter antwortet ihm: »Nein, sonst hätten sie die Couch als Dreisitzer gekauft. Und bestimmt nicht in Beige.«

Mein Vater sieht meine Mutter bewundernd an, die tippt sich stolz an die Stirn: »Tja, Köpfchen.«

Ich will meinen Mastermind-Eltern zuarbeiten, sage: »Gut, wenn das Opfer keine Kinder hatte, können wir die als Täter schon mal ausschließen.«

Mein Vater: »Haha.«

Meine Mutter springt besser drauf an: »Iiiih, nee! Wenn Kinder da ihre Eltern ermorden, dann guck ich mir das nicht weiter an. Das macht man doch nicht. Oder wenn die so ganz fiese Sachen machen, das will ich auch nicht sehen. Also, mir reicht das ja schon, wenn die das nur andeuten, wie neulich, da war eine so nackig auf nem Stuhl gefesselt, und dann sahst du nur, wie der Killer eine Käsereibe rausholt und …«

Mein Vater: »Haben wir eigentlich noch Käse für morgen?«

Meine Mutter nickt, erzählt aber weiter von Dingen, die man einfach nicht macht als anständiger Mörder im Fernsehen: »Häuser anzünden finde ich auch doof. Stell dir vor, da ist grad zufällig jemand zu Besuch, der bedankt sich auch, ne?«

Mein Vater steht wie von der Tarantel gestochen auf: »Reibeplätzchen. Ich mach uns Reibeplätzchen!« Spricht's und verschwindet in die Küche. Meine Mutter seufzt: »Der verliert doch völlig den Faden, ich schwör's dir …« Welchen Faden, will ich denken, aber meine Mutter schreit aufgeregt: »Guckt mal, guckt mal, guckt mal! Den kennen wir doch, das ist doch der Dingens. Der singt doch normal.«

Ich beschaue mir den dunkelhaarigen Lockenkopf, der mich nicht im Entferntesten an jemanden erinnert, der normal singen könnte.

Aber meine Mutter hat den Mann eindeutig identifiziert: »Das ist dieser eine, der mal bei dir in Berlin zu Besuch war, Tinka.«

Was? Ich überlege fieberhaft, wen sie da wieder durcheinandergeschmissen hat.

Aber meine Mutter hat den Fall gelöst: »Ich hab's! Das ist der John Springdings.«

»Wer ist John Springdings, Mutter?«

»Der Mörder. Also, der Verdächtige, der Dingens. Wo ist der denn jetzt?« Die Macher des Krimis haben es gewagt, die nächste Szene ohne den mysteriösen John Springdings zu besetzen. Meine Mutter ist maßlos verärgert über diesen mangelnden Kooperationswillen der Schweden: »Die sollen den noch mal zeigen«, befiehlt sie, und überraschenderweise gehorcht ihr das Fernsehen. Wir sehen, wie John Springdings von einem Laster überfahren wird. Blut spritzt, Knochen fliegen, meine Mutter ist begeistert: »Das war er! Tinka, jetzt tu doch nicht so doof, das war der mit der Gitarre, bei dem se dich rausgeschnitten haben. Aus dem Video, damals in Berlin.«

Plötzlich fällt der Groschen: »Mama, das war ganz bestimmt *nicht* Bruce Springsteen.«

Meine Mutter: »Schpringschteeen, genau! Und der war wichtig. Sonst hätten se den jetzt auch rausgeschnitten, wie dich damals, oder?« Buddenkotte-Logik. Die kann man nicht widerlegen, sondern nur relativieren:

»Mama, die haben mich damals nicht *rausgeschnitten*, sondern mich nur von der ersten in die letzte Reihe gestellt, weil ich einen Kopp größer war als der Boss.«

Meine Mutter: »Welcher Boss?«

Mein Vater erscheint im Türrahmen: »Habe ich was verpasst?«

Meine Mutter: »Ja, der Chef ist überfahren worden. Aber frag nicht, von wem, deine Tochter redet immer dazwischen.«

Bevor ich schreien kann, ertönt ein lauter Knall, ein Schuss ist gefallen – leider nur im Fernsehen. Der Bildschirm wird komplett schwarz. Und bleibt auch so.

»Wintereinbruch in Schweden«, rät mein Vater, aber meine Mutter löst auf: »Der Fernseher ist wieder kaputt.« Tatsache. Selbst durch intensives Rumdrücken auf der Fernbedienung springt er nicht mehr an.

Mein Vater: »Das war neulich schon mal, als dein Bruder hier war. Mitten im Film, plötzlich – wupp. Erst am nächsten Tag hat dein Bruder es geschafft, den wieder flottzukriegen. Ich rufe den gleich mal an und frage ihn, wie er das genau gemacht hat.«

»Oh, nicht nötig, das übernehme ich«, bestimme ich und verschwinde mit dem Telefon auf den Balkon. Ganz direkt frage ich meinen Bruder: »Sach mal, hast du letzte Woche auch ganz kurz auf das Kabel getreten, um so den Fernseher auszuschalten?« Mein Bruder gesteht: »Jau. Aber, Katinka, die wollen's ja nicht anders, oder? Unsere Eltern sagen doch immer: Kinder, wenn wir eines Tages nur noch daliegen und zusammenhangslos dummes Zeug labern, dann zieht bitte den Stecker.«

Buddenkotte-Logik. Kommt man nicht gegen an.

Mein Vermächtnis oder Tote schlafen fast

Seit ich denken kann, werde ich von Schlafstörungen geplagt. »Vorher auch schon«, behauptet meine Mutter, aber das ist wahrlich kein Trost. Außerdem: Woher will meine Mutter wissen, wann ich mit dem Denken angefangen habe? Das weiß ich ja nicht einmal selbst. Aber ich grüble darüber nach, sobald ich im Bett liege. Tatsächlich kann man sich auf diese Weise auch ohne vorherige Einnahme harter Drogen recht kostengünstig geradezu naturidentische Entzugserscheinungen basteln. Falls jemand also drauf stehen sollte, sich Nacht für Nacht schweißgebadet herumzuwälzen, stelle ich hier ein paar weitere weltbewegende Fragen zur Verfügung, die mich schon seit Jahren wach halten: Habe ich den Herd ausgemacht? Also, den bei der Arbeit? Wie ging dieses eine Lied noch mal? Und wie kratzen sich Fische, wenn ihnen die Augen jucken? Werden wir mittlerweile eigentlich schon so gut überwacht, dass sofort jemand vom Gesundheitsamt auftaucht, wenn man »Können Kakerlaken fliegen« googelt? Wie bescheuert bin ich eigentlich? Und ist es schlau, jetzt den Fernseher einzuschalten, um meinen Wissensdurst zu stillen?
Die Antwort erfolgt per Knopfdruck auf die Fernbedienung.

Eine Sache habe ich mich allerdings nie gefragt: Ob ich meinen Körper der Wissenschaft zur Verfügung stellen sollte. Für mich lautete die Frage immer: Wann genau werde ich das tun? Wahrscheinlich wäre es für alle Beteiligten angenehmer, wenn man meinen Kopf erst nach dem Eintritt des Todes aufbohrte, andererseits würde ich doch gerne die verdutzten Gesichter der Ärzte sehen, wenn sie meine Schädeldecke öffnen. Aber jetzt, nach ein paar Stunden Bildungsfernsehen, glaube ich, einen guten Kompromiss gefunden zu haben: Die Koryphäen bekommen meinen Kadaver. Im Gegenzug wird mir schriftlich versichert, dass dieser optimal ausgeleuchtet wird, und zwar für die Sensationsdokumentation des Jahrhunderts: *Halbe Kraft, voller Erfolg: Das Vermächtnis der Katinka B.* Über den Titel lasse ich noch vor meinem Ableben mit mir diskutieren, wichtig wäre mir nur, dass dieser Knüller bei N24 ausgestrahlt wird. Und zwar zu deren Primetime für Mondsüchtige, von zwei Uhr nachts bis sechs Uhr morgens, gerne unter der Woche. Sagen wir der Einfachheit halber: jeden dritten Dienstag, bis zum Ende des laufenden Jahrhunderts.

Die Produzenten werden sich jetzt schon die Hände reiben, und das zu Recht. Denn sie müssen ja doch alle sieben Jahre mal einen neuen Knoten in die Endlosschleife ihres Nachtprogramms knüpfen, soweit ich das bisher beobachtet habe. Außerdem ist mein Angebot unschlagbar und geht sogar ethisch in Ordnung: Die Mediziner, die mich später aufschnibbeln, müssen nach der Erstausstrahlung zwar halb Wikipedia löschen und neu schreiben, dafür erlangen sie aber auch Weltruhm. Meinetwegen können die sich auch die Einnahmen aus dem Merchandising teilen, aber das sind Details, mit denen sich die Anwälte herumschlagen sollen.

Als Künstlerin bin ich ja vor allem an der szenischen Aufbereitung der Story interessiert. Aber keine Angst, im Großen und Ganzen können die Leute vom Sender N24 bei dem Grundkonzept bleiben, welches sie seit Jahren für jede Enthüllungsdoku fahren, ganz gleich, ob es inhaltlich um die Entstehung der Erde, Illuminaten, das Brunftverhalten von Maikäfern oder Rivalitäten unter Biker-Gangs geht. Der Vorspann ist also wie üblich eine Collage aus überbelichteten Filmschnipseln, die auch bei bisher unauffälligen Kandidaten epileptische Anfälle auslösen können. Als akustische Untermalung dient die unvermeidliche Titelmelodie von *Akte X*. Die Schnitte werden immer schneller und irritierender, beispielsweise von einem Windspiel an meinem Elternhaus direkt auf den Erdball aus Weltraumsicht, dann zu einer blinzelnden Eule, gefolgt von den Wiener Philharmonikern in der Antarktis. Diese Aufwecksequenz beenden wir mit einem Atompilz oder den Pyramiden im Sonnenuntergang. Was sich halt gerade so ergibt auf der Welt, wenn ich nicht mehr da bin. Und wenn wir schon dabei sind, einen modernen Klassiker der Fernsehgeschichte mit den bewährten Zutaten zu brutzeln, so sehe man doch bitte jetzt schon zu, dass der Synchronsprecher von Tom Selleck ins Tonstudio bestellt wird. Man weiß ja nicht, wie lange der Mann es noch macht, deswegen kann er den Einleitungstext jetzt schon mal ins Mikro brummen. Dieser lautet:

»Katinka Buddenkotte: Für viele war sie schon zu Lebzeiten ein Mysterium, aber welches Geheimnis sie tatsächlich hütete, wird auch ihre treuen Fans überraschen und ihre Neider und Zweifler für ewig verstummen lassen. Zum Glück hat die umsichtige Entertainerin uns ihr Privatarchiv zur Verfügung gestellt, sodass unser Team in der Lage war, ihr abenteuerliches Dasein in nur vierzig Minuten zu enträtseln. Aus dem so zusammengetragenen Material haben wir eine einzigartige Dokumentation zusammengeschnitten, die Sie für die nächsten vier Stunden in ihren Bann ziehen wird. Natürlich wird diese Zeit nicht ausreichen, um die riesige Lücke zu füllen, die durch Katinkas Übergang in eine andere Welt entstanden ist. Aber es ist ein Versuch, Hoffnung zu spenden und die Geschicke der Menschheit von einem anderen Standpunkt aus zu betrachten.«

Nach diesem furiosen Intro ist es, bei N24 auch schon wieder Zeit für die Werbung. Als Kennerin und Ehrenmitglied der Zielgruppe empfehle ich Reklame für starken Kaffee, Brillenputztücher, *Star-Trek*-DVD-Sets, gehaltvolle Snacks und aufblasbare Nackenhörnchen. Während dann die Höhepunkte meiner Karriere in einer weich gezeichneten Collage gezeigt werden (als Soundtrack böte sich da *Heroes* von David Bowie an), folgt dann die Vorstellung meiner Wegbegleiter, der frei wildernden Biografen und Harvardprofessoren, die erste Statements zu meinem Fall verlauten lassen. Ruhig auch kontrovers.

Vielleicht beginnen wir mit Michio Kaku, dem fidelen Physiker, der seinen Senf immer dazugeben muss. Bei dem mache ich mir keine Sorgen, dass der nach meinem Tode noch auf Erden weilt. Der Mann glaubt, dass er durch Wurmlöcher schlüpfen kann. Oder vielleicht tut er das auch nicht. Ich bin immer so von seiner perfekt frisierten grauen Mähne abgelenkt, dass ich bei seinen Ausführungen nicht auf inhaltliche Einzelheiten achten kann. Jedenfalls wird es sich Professor Kaku, egal, ob tot oder lebendig, nicht nehmen lassen, milde lächelnd etwas zu sagen wie: »Nun können wir alle bisherigen Theorien verwerfen. All die Jahre haben wir nach intelligentem Leben im restlichen Universum gesucht, aber nie daran gedacht, dass eine ganz andere Lebensform so lange auf diesem Planeten wandelte. In menschlicher Form, doch den Naturgesetzen trotzend.« Dann wird das Foto von mir eingeblendet, auf dem ich ein wenig spöttisch lächle. Das ist noch auf meinem Handy gespeichert, genau wie das Video von meiner Mutter, der wahren Expertin. Da ich es selbst gefilmt habe, ist ihre Rede gleichermaßen weltbewegend wie intim: »Ja, Katinka, wir haben von Anfang an geahnt, dass du anders bist als die anderen. Aber nicht *wie* anders. Vorsicht, da ist ein Kabel. Du verhedderst dich ...« Das Bild wird zum Schneegestöber, der Ton ein Rauschen. Dann kommt meine liebe Freundin zu Wort. Die sollte man unbedingt an einem Strand auf Hawaii interviewen. Erstens wollte sie dort immer schon mal hin, zweitens ist das Licht da toll. »Katinka war etwas ganz Besonderes. Einmal hat sie zwei Tage lang kein Wort gesagt, aber nur, weil sie den Lippenbalsam mit dem Sekundenkleber verwechselt hat. Überhaupt hat sie nie wirklich logisch gehandelt. Oder auch nur logisch gedacht.« Meine Freundin darf jetzt nachdenklich gucken und dabei das Symbol für Unendlichkeit mit einem Stock in den Sand malen. Das kommt immer gut. Als sie wieder aufblickt, sagt sie: »Jetzt wissen wir, weshalb.«

Die dreifach verschnörkelte Acht im Sand wird von der aufkommenden Brandung weggespült.

Nun ist der amtierende *Doctor-Who*-Darsteller an der Reihe. Denn niemand kann den gemeinhin misstrauischen N24-Zuschauer mehr überzeugen als ein Schauspieler, der jederzeit aus der Rolle fallen könnte: »Meine Kollegen schätzen, dass Katinka schon in früher Jugend an den Naturwissenschaften scheiterte. Vielleicht liegt die Ursache dafür in einer schweren Nierenentzündung, die sie mit elf erlitt, vielleicht war es die Pubertät, die sie nie vollenden konnte. Fakt ist, dass sie nicht einmal das Bruchrechnen beherrschte. Alles, was sie über Chemie wusste, war, dass man in den meisten Fällen ebenso gut Essigessenz verwenden konnte, die schont die Umwelt. Im Grunde war es ein Wunder, dass sie überhaupt geradeaus laufen konnte. Aber sie tat es. Nicht schnell, aber oft kilometerweit. Wie gern hätte ich diese Tausendsasserin kennengelernt. Aber wer weiß? Vielleicht tue ich es ja noch. Katinka Buddenkotte hat mir ja bewiesen, dass nichts unmöglich ist.« Der junge Mime zwinkert in die Kamera.

Um nicht in Richtung Boulevardjournalismus abzurutschen, werden nun ein paar ebenso erschütternde wie schlampig bearbeitete Zeitdokumente gezeigt. Eine auf Super-8-Film getrimmte Sequenz zeigt mich, wie ich als Teenager in der Eisdiele »Venezia« schufte. Genau genommen starre ich auf dem Material beschämt zu Boden, weil meine Eltern ihre neue Videokamera an meiner Arbeitsstätte ausprobieren mussten. Dazu erklärt wieder die Synchronstimme von Tom Selleck: »Katinka konnte sich stets nur während der Sommermonate ein Zubrot verdienen. Denn nur mit offenen Schuhen war sie in der Lage, sich sicher im Zahlenraum von eins bis zwanzig zu bewegen. Hier sieht man, wie sie ihren Zehen zu Hilfe nimmt, um abzuzählen, wie viel zwei Stracciatella-Becher und eine Wundertüte zusammen kosten.«

Bevor die Zuschauer jetzt vor lauter Empathie anfangen zu weinen oder gar einschlafen, lassen wir jetzt das Geräusch ertönen, das eine Nadel macht, wenn man die Schallplatte unsachgemäß unter ihr wegzieht. Zur Abwechslung erscheint Morgan Freeman auf dem Bildschirm, hebt eine Augenbraue, durchbricht so die vierte Wand und fragt direkt in die Kamera: »Seien Sie ehrlich: Hätten Sie aufgegeben, wenn Sie an Katinkas Stelle gewesen wären? Nun, sie tat es nicht. Trotz all ihrer Defizite hat sie weitergemacht, und damit verdient sie nicht unser Mitleid, sondern unseren Respekt. Bleiben Sie dran, wenn Sie erfahren wollen, zu welch unglaublichen Leistungen dieses Inseltalent fähig war – und wie Katinka ausgerechnet durch die Errungenschaften der modernen Technik gerettet wurde.«

Na, da sind aber alle wieder hellwach! Zwar hat N24 in der Vergangenheit schon Zusammenhänge zwischen der Errichtung von Stonehenge und dem unregelmäßigen Stuhlgang eines Königspudels, der nur tausend Jahre später unweit von Delft lebte, herstellen können, aber wie man meinen Namen in einem Atemzug mit dem Segen der Technik nennen kann, sprengt doch die Grenzen des Fassbaren.

Nach einer weiteren Werbepause ist es endlich an der Zeit für den beliebtesten Kniff aller N24-Dokumentarfilmchen-Macher: die dramatisierte Szene. Dazu werden normalerweise Laiendarsteller in historische Kostüme geschnürt und müssen sich aus Kostengründen unnatürlich langsam bewegen, während sie sich tonlos anschreien oder zujubeln. Der Off-Sprecher erklärt dazu, wie sichtbar bitterlich der Streit zwischen Heinrich IV. und dem Papst oder wie freudvoll die Entdeckung des Penicillins war. In der Doku über mich ist dieser Teil noch etwas dramatischer gestaltet. Durch eine Fischaugenlinse blickt man in ein Klassenzimmer der frühen 90er-Jahre. Alle Schüler melden sich übereifrig, einige jonglieren mit komplizierten Gleichungen, andere tanzen schon in Anwaltsroben und Arztkitteln durch den Raum. Nur ein baumlanges Teenager-Mädchen mit karottenrot gefärbtem Haar schaut müde, ja lebensmüde Richtung Fenster. Aus dem Off dröhnt es bedrohlich: »Schauen wir nun zurück auf den entscheidenden Tag, den Wendpunkt in Katinkas Leben. Zu diesem Zeitpunkt steht sie in allen naturwissenschaftlichen Fächern auf einer glatten Sechs, Tendenz fallend. Alles deutet darauf hin, dass ihr zukünftiger Job in einem Bereich liegt, der stetige Helmpflicht und das Tragen einer Zwangsjacke erfordert. Aber dann …« Zoom auf den Typen, der meinen Mathelehrer spielt. In Zeitlupe hebt er den Arm und hält einen Kasten hoch. Mit seltsam verzerrter Stimme sagt er: »Ich teile jetzt die Taschenrechner aus. Aber denkt immer daran: Eine Maschine ist immer nur so schlau wie der Mensch, der sie bedient.« Das Teenager-Mädchen merkt auf. Seine Augen leuchten. Zur Sicherheit spricht die Tom-Selleck-Synchronstimme den Subtext wieder mit: » … durchfährt Katinka ein Geistesblitz.«

Draußen vor dem Fenster graut bereits der Morgen, dem N24-Zuschauer schwant: »Endlich kommen die zum Kern der Geschichte!« Genau, das Ende naht: Meine Leichenöffnung, der schonungslose Blick in mein Gehirn! Originalaufnahmen aus der Gerichtsmedizin, echte Ärzte, die ausplaudern werden, was eigentlich überhaupt mein Problem war. Pardon, mein Geheimnis. Also dranbleiben, Freunde der Nacht, es bleibt spannend und wird lehrreich.

Nach den finalen Verbraucherinformationen spricht endlich die geballte Kompetenz in Kitteln. Im Labor eines Professors gibt es nun die längst überfällige aufwendig animierte Computergrafik zu bestaunen: »Hier sehen Sie ein normales menschliches Gehirn. Beide Hälften sind miteinander verbunden und aktiv. Während die linke Seite für die logische Auffassungsgabe zuständig ist, beschäftigt sich die rechte mit Kreativität und Emotionen.« Keine gänzlich neuen Informationen, aber noch hat der Mann mich nicht ins Spiel gebracht: »Als wir Frau Buddenkottes Schädeldecke öffneten, erwarteten wir, dass die linke Hälfte extrem verkümmert sei. Deswegen war die Überraschung umso größer, als wir es endlich taten.« Zu diesem Zeitpunkt schreit die Mehrheit der Zuschauer bestimmt schon den Bildschirm an: »Dann tut es doch endlich! Gleich ist es sechs, ich will schlafen!« Noch einen Moment Geduld, zunächst ist noch einmal Tom Sellecks Synchronsprecher dran. »Katinkas besondere Gabe bestand darin, dass sie ein selektives fotografisches Gedächtnis hatte. So war es ihr möglich, sämtliche Dialoge wiederzugeben, zu denen sie zuvor zweidimensionale Bilder gesehen hatte. Kombiniert mit ihrem gestörten Biorhythmus, benötigte sie nur noch eine Maschine, die nicht schlauer war als sie selbst. Und sie fand sie, instinktiv.«

Dazu wird ein Originalfoto von mir und meinem besten Freund eingeblendet. Ja, ich umarme ihn, meinen ersten Fernseher, der mich durch die Oberstufe bis zum Abitur gebracht hat. Im Prinzip ist es ganz einfach, ohne den Hauch einer Ahnung in Naturwissenschaften zu glänzen. Man muss nicht alles wissen, sondern nur, wo es läuft. Aber um genau zu erklären, welche Sendungen man auswendig lernen muss, um so zu tun, als hätte man das Ohm'sche Gesetz oder die Fotosynthese verstanden, fehlt hier die Zeit. Gleich kräht der Hahn, und ihr wollt doch nicht meinen großen Auftritt in der Leichenhalle verpassen? Also, Endspurt.

Der Kreis schließt sich. Ein internationales Team aus Topmedizinern hat sich um meinen Leichnam versammelt, auch Morgan Freeman, Professor Michio Kaku und der echte Tom Selleck haben sich in grüne OP-Kittel geworfen, um das Wunder schauen zu können. Das unangenehme Geräusch der Kreissäge wird mit einer flotten Popballade übertönt. Die Schwester mit den geschicktesten Fingern klappt meine Kopfhaut um. Alle staunen tüchtig, die Schwester fällt in Ohnmacht. Mein Gehirn sieht völlig normal aus. Gar ein bisschen arg durchschnittlich. Professor Kaku dampft beleidigt durch ein Wurmloch ab, Tom Selleck kann sich ein Grinsen nicht verkneifen. Man kann das daran sehen, dass sein Schnurrbart plötzlich über dem Mundschutz hervorlugt. Morgan Freeman erweist sich wieder mal als Vollprofi. Er lacht aus vollem Halse und spricht dann ein wirklich gelungenes Schlusswort: »Dieser Anblick wirft ganz neue Fragen auf:

Wenn Katinka nicht lernbehindert war, war sie dann vielleicht einfach nur unglaublich faul? War sie am Ende gar ein verblödetes Genie, das einfach zu viel ferngesehen hat und jetzt Rache nahm? Oder enthält dieser Gruß aus dem Jenseits eine ganz andere Botschaft, nämlich: ›Am Ende ist man nicht immer schlauer‹?« Und als letzten Edeljoker zaubert Mister Freeman dann mein Abiturzeugnis aus dem Ärmel. Er lächelt und murmelt: »Eine 2,1 als Durchschnittsnote. Na, die bekommt man ja in Nordrhein-Westfalen schon, wenn man die Tafel putzt.«

So endet meine Zeit, auch auf N24. Ich habe sie euch gestohlen. Selig sind die unter euch, die wenigstens jetzt den Fernseher ausschalten können und noch eine Mütze voll Schlaf kriegen. Ihr anderen aber, die ihr euch immer noch in den Laken dreht und euch fragt: »Seit wann kann Morgan Freeman Deutsch? Und woher weiß er so gut über das NRW-Abi Bescheid? Hätte ich noch eine Zwei in Biologie rausholen können, wenn ich jede Folge von *Dr. House* auswendig gelernt hätte? Oder doch eher: *Tiere suchen ein Zuhause?*« Euch sei gesagt: Ihr seid genau wie ich. Aber keine Sorge, ihr kommt irgendwie durchs Leben. Ich habe es ja auch geschafft.

Er ist wieder da!

Paris im Jahr 2060. Der alleinerziehende Geschichts-
professor Tycho Mercier gewinnt bei einer Tombola einen
Klon. A,H.6 ist allerdings nicht irgendein Klon, sondern
Nr. 6 der verbotenen Klonserie von Adolf Hitler! Anders
als das Original ist er sanftmütig, bescheiden, unterwürfig
und für Tychos Sohn ein willkommener Spielkamerad.
Zu dem merkwürdigen Hausgast gesellt sich bald noch
ein Klon von Marilyn Monroe. Sie ist Tychos Schwarm
aus Jugendjahren, aber auch sie riecht nach Ärger, denn
es handelt sich um eine Raubkopie aus Südostasien …
Ein herrlich-überdrehtes Spiel mit den Auswüchsen unserer
modernen Welt und den langen Schatten der Geschichte.

>>Diese Kolumnensammlung ist der Hit,
weil Leiden so lustig sein kann.<<
Sonntag Express

Er wird geliebt und gehasst. Harald Martenstein schreibt
weiter an seiner Chronik der deutschen Gegenwart hübsch
portioniert in kleinen Texten über die Politik und den
Alltag, Männer und Frauen, über das Älterwerden, das
Vatersein, die Irrungen und Wirrungen der politischen
Korrektheit. Wahrscheinlich ist dieses Buch sein bisher
bösestes, witzig und entspannt ist es trotzdem. Wer
unser Land verstehen will, muss lesen, was Martenstein
über Genderforschung, über Sprachvorschriften, über
die Diskriminierung von Menschen bei Schönheits-
wettbewerben oder über Steuerbetrüger zu sagen hat.